U0113378

博士生导师学术文库

A Library of Academics by
Ph.D.Supervisors

中国领事保护机制与
"一带一路"建设

李志永　著

光明日报出版社

图书在版编目（CIP）数据

中国领事保护机制与"一带一路"建设 / 李志永著
. --北京：光明日报出版社，2022.6
ISBN 978-7-5194-6693-0

Ⅰ.①中… Ⅱ.①李… Ⅲ.①领事事务—关系—"一带一路"—国际合作—研究—中国 Ⅳ.①D821②F125

中国版本图书馆 CIP 数据核字（2022）第 104709 号

中国领事保护机制与"一带一路"建设
ZHONGGUO LINGSHI BAOHU JIZHI YU "YIDAIYILU" JIANSHE

著　　者：李志永

责任编辑：李壬杰　　　　　　　　责任校对：郭嘉欣
封面设计：一站出版网　　　　　　责任印制：曹　净

出版发行：光明日报出版社

地　　址：北京市西城区永安路 106 号，100050

电　　话：010-63169890（咨询），010-63131930（邮购）

传　　真：010-63131930

网　　址：http://book.gmw.cn

E-mail：gmrbcbs@gmw.cn

法律顾问：北京市兰台律师事务所龚柳方律师

印　　刷：三河市华东印刷有限公司

装　　订：三河市华东印刷有限公司

本书如有破损、缺页、装订错误，请与本社联系调换，电话：010-63131930

开　　本：170mm×240mm

字　　数：145 千字　　　　　　　印　　张：11.75

版　　次：2023 年 4 月第 1 版　　　印　　次：2023 年 4 月第 1 次印刷

书　　号：ISBN 978-7-5194-6693-0

定　　价：85.00 元

《"一带一路"与中国海外利益保护》
系列丛书

主　编：李志永
副主编：熊李力
成　员：乔　旋　赵　洋　邱昌情

前　言

　　一直以来，笔者最感兴趣的是国际关系理论与大国外交，因为大国决定着国际体系的运作和重大国际事件的最终走向，而我们只有领悟了理论之后才能更深刻地理解由大国主导的复杂多变的国际关系。从最初涉猎汉斯·摩根索的《国家间政治》到后来研读肯尼思·华尔兹的《国际政治理论》和亨利·基辛格的《大外交》，我总能感到现实主义理论的简洁美感和历史穿透力。然而，笔者又天生不是现实主义崇尚者，而是一个自由的理想主义信徒。西方启蒙主义对自由、民主、博爱的追求总能激起彼时年轻的我的澎湃思潮。尽管没有完全按照自己的理想走向政治学的探索之路，但在后来的国际政治学研究中总不能抹去那一丝理想主义的情怀。博士求学期间对自主性外交理论的探究算是对此种理想主义情怀的一种寄托和交代。自主性外交理论是笔者整合国际关系三大主流理论，构建源于中国、属于世界的中国学派的一种尝试，但毫无疑问，国家自主性概念本身也内含了一种进步诉求，此种进步诉求不仅体现在外交的进步上，也体现在内政的进步上。对此，或许《自主性外交理论：内外联动时代的外交行为与外交战略》的读者还不曾真正注意到。

　　自 2010 年重返高校工作之后，笔者深感理论研究与服务社会日渐拉大的距离。伴随中国不断崛起，中国海外利益急剧扩展并面临着日益增多和复杂的海外风险。为了更好服务社会、回馈国家，笔者逐渐开启了海外利益保护研究之旅。2012 年笔者顺利获得了教育部相关资助，并真正开始投入这一新兴研究领域。2015 年《"走出去"与中国海外利益保护机制研究》顺利出版。此书对海外利益保护机制的研究算是国内较早进行全面总结的著作。当时，笔者也对领事保护机制做了一个初步探索，但限于资料欠缺未能深入挖掘。2013 年，笔者有幸与中国社会科学院世界经济与政治研究所袁正清研究员合作做博士后研究。其间，除了与袁正清老师合作研究规范扩散并在《中国社会科学》合作发表重要作品之外，笔者还继续关注和研究了中国领事保护机制的运作，并整理了一些初步成果。为本书的写作奠定了前期基础。

海外利益保护是伴随大国成长必然出现的外交需求。伴随中国海外利益的扩展，如何保护海外利益日益成为中国外交的难点与痛点。在海外利益保护中，领事保护既是一个传统的保护机制，又是一个不断发展演变的机制。作为国际体系的后来者，相较于西方较为成熟的领事保护机制，中国领事保护到底做得怎样？我们还存在哪些不足？对这些问题的疑惑促使我有意对中国领事保护机制做一个全面"体检"，但一直缺乏最后的推动。

作为一个外向型重点高校，对外经济贸易大学一直希望在"一带一路"推进中发出自己的声音。2019 年，对外经济贸易大学就"一带一路"推出了系列著作资助项目。长期的关注、跟踪，加上学校的慷慨资助，终于促成本书的最后成稿和出版。在本书写作过程中，李雅雅、刘珊、徐琛、贾宇娴、谭杰图、宋雪、邵东莹、刘梦佳、范雅妮、王军香、石钮等部分硕士研究生为我收集、更新了本书诸多资料、数据和注释。希望本书的出版能够为中国海外利益的保护提供些许智力助益。当然，限于时间和精力，本书必然存在诸多不足，希望后续能够改进。

从国际关系理论到海外利益保护，从公共外交到规范扩散，从大国外交到全球治理，从中国外交到中美关系，在日益强调专业化的时代，笔者的研究略显广泛，但这或许就是复杂多变的国际关系现实的体现。同时，无论我关注什么，我一直关心的核心问题其实只有一个，那就是"中国崛起"，即在国际社会经历从权力政治范式到权利政治范式转变之际，为了实现中华民族伟大复兴的中国梦，中国应该或必须采纳何种大战略方能实现"真正且持久"的民族复兴？

"自主性外交"理论是笔者整合国际关系三大主流理论，构建"源于中国、属于世界"的中国学派的一种理论尝试。显然，追求"融入与自主性"平衡的"自主性外交"是我对中国和平崛起战略给出的初步答案。此种外交既承认传统权力政治存在的必要性，又认同权利政治新范式要求的合理性。于是，在中国和平发展的民族复兴之路上，既要学会大国博弈的传统驭权术，又要领悟民主正义的价值诉求；既要积极实施大国外交以重塑国际规则，又要全面深化政治改革以重塑国内规则。因为"真正且持久"的民族复兴既有赖于国际政治的纵横捭阖，更有赖于国内政治的持续进步！这或许就是我在不惑之年逐渐领悟的大国崛起的不惑之道！

在此我要感谢前述我提及的一切机构和个人以及一直支持我的家人。

李志永

2021 年 11 月 19 日于北京

目 录
CONTENTS

导论

领事保护护航"一带一路"

在"外事无小事"的年代，中国外交是神秘和高不可攀的，因而远离普通群众视线。然而，随着中国日益成为全球化的一部分，并不断融入国际社会，尤其是随着中国全面实施"走出去"的对外开放战略和"一带一路"倡议，中国正由"中国之中国"变为"世界之中国"，中国国家利益也日渐突破传统地理界限而向全球拓展，海外利益逐渐成为中国国家利益结构中必不可少且日益重要的组成部分。海外利益是伴随一个国家及其公民和法人参与国际交往而产生的跨越主权界限的境外合理合法利益，是现代国家利益中必不可少且日益重要的组成部分①。正如中国外交部部长王毅所言，"中国的海外利益不是一个空洞、抽象的概念，而是由每一位海外同胞的利益汇聚而成的。做好了海外中国公民、海外中国企业、海外中国机构的领保与服务工作，也就是维护了国家的整体海外利益，也就为国家发展、为实现中国梦作出了一份贡献"②。为此，海外中国公民和法人的安全保护问题正日益成为不断拓展的中国海外利益中最为引人关注的新议程。

2004 年 8 月 30 日，国家主席胡锦涛在第十次驻外使节会议上指

---

① 李志永．"走出去"与中国海外利益保护机制研究［M］．北京：世界知识出版社，2015：10.

② 外交部领事司．领事保护与服务——遍及世界的"民生工程"［EB/OL］．（2013-03-21）［2019-06-02］. http://www.fmprc.gov.cn/mfa_chn/wjb_602314/zzjg_602420/lss_603724/xgxw_603726/t1023757.shtml.

出:"要增强外交工作的创造性、主动性、进取性,维护和拓展我国国家利益。""要增强我国海外利益保护能力,完善相关法律法规,健全预警和快速反应机制,改进工作作风,满腔热情地为在国外的我国公民和法人服务。"① 这是中国高层首次明确提出"中国海外利益"概念。2005 年,"积极维护我国公民在海外的生命安全和合法权益"② 被首次写进了国务院的政府工作报告。在 2006 年的报告中,政府的保护责任进一步丰富为"保护中国公民和法人在海外的合法权益"③。习近平总书记在 2014 年中央外事工作会议上明确要求,"要切实维护我国海外利益,不断提高保障能力和水平,加强保护力度"④。2015 年 3 月 28 日,国家发展改革委、外交部、商务部联合公布的《推动共建丝绸之路经济带和 21 世纪海上丝绸之路的愿景与行动》指出:"遵循市场规律和国际通行规则,充分发挥市场在资源配置中的决定性作用和各类企业的主体作用,同时发挥好政府的作用。"⑤ 2016 年的政府工作报告要求"加快海外利益保护能力建设,切实保护我国公民和法人安全"⑥。2017年政府工作报告和 2018 年政府工作报告分别提出"加快完善海外权益

① 人民网. 第十次驻外使节会议在京举行［EB/OL］.（2004-08-30）［2019-06-28］. http：//www. people. com. cn/GB/paper39/12815/1152133. html.

② 中国政府网. 2005 年国务院政府工作报告［EB/OL］.（2006-02-16）［2019-06-04］. http：//www. gov. cn/test/2006-02/16/content_201218. htm.

③ 中国政府网. 2006 年国务院政府工作报告［EB/OL］.（2009-03-16）［2019-08-17］. http：//www. gov. cn/test/2009-03/16/content_1260216. htm.

④ 新华网. 习近平出席中央外事工作会议并发表重要讲话［EB/OL］.（2014-11-29）［2019 - 08 - 23］. http：//www. xinhuanet. com/politics/2014 - 11/29/c _ 111345 7723. htm.

⑤ 新华网. 授权发布：推动共建丝绸之路经济带和 21 世纪海上丝绸之路的愿景与行动［EB/OL］.（2015 - 03 - 28）［2019 - 09 - 02］. http：//www. xinhuanet. com/world/2015-03/28/c_1114793986. htm.

⑥ 中国政府网. 2016 年国务院政府工作报告［EB/OL］.（2016-03-05）［2019-09-20］. http：//www. gov. cn/guowuyuan/2016zfgzbg. htm.

保护机制和能力建设"①"加强和完善海外利益安全保障体系"②。2019年1月，习近平主席在省部级主要领导干部专题班上发表重要讲话，强调"要加强海外利益保护，确保海外重大项目和人员机构安全。要完善共建'一带一路'安全保障体系"③。党的十九届四中全会提出，要"构建海外利益保护和风险预警防范体系，完善领事保护工作机制，维护海外同胞安全和正当权益，保障重大项目和人员机构安全"④。针对国内外风险和挑战的复杂变化，《中共中央关于制定国民经济和社会发展第十四个五年规划和二〇三五年远景目标的建议》中特别强调，要"健全促进和保障境外投资的法律、政策和服务体系，坚定维护中国企业海外合法权益，实现高水平走出去"⑤，并将构建海外利益保护和风险预警防范体系作为统筹发展和确保国家经济安全的重要内容之一，这为我国"十四五"乃至更长时期推进和加强海外利益保护提供了根本指引。2021年11月18日，中共中央政治局召开会议审议《国家安全战略（2021—2025年）》，会议要求"要增强产业韧性和抗冲击能力，筑牢防范系统性金融风险安全底线，确保粮食安全、能源矿产安全、重

---

① 中国政府网.2017年国务院政府工作报告［EB/OL］.（2017-03-05）［2019-09-20］. http：//www.gov.cn/guowuyuan/2017zfgzbg.htm.

② 中国政府网.2018年国务院政府工作报告［EB/OL］.（2018-03-05）［2019-09-20］. http：//www.gov.cn/guowuyuan/2018zfgzbg.htm.

③ 中国政府网.习近平在省部级主要领导干部坚持底线思维着力防范化解重大风险专题研讨班开班式上发表重要讲话［EB/OL］.（2019-01-21）［2019-10-21］.http：// www.gov.cn/xinwen/2019-01/21/content_5359898.htm？tdsourcetag=s_pcqq_aiomsg/.

④ 新华网.坚持和完善中国特色社会主义制度 推进国家治理体系和治理能力现代化 ［EB/OL］.（2020-01-01）［2020-01-16］.http：//www.xinhuanet.com/politics/leaders/2020-01/01/c_1125412005.htm.

⑤ 中国政府网.中共中央关于制定国民经济和社会发展第十四个五年规划和二〇三五年远景目标的建议［EB/OL］.（2020-11-03）［2020-11-05］.http：//www.gov.cn/zhengce/2020-11/03/content_5556991.htm.

要基础设施安全，加强海外利益安全保护"①。2021 年 11 月 19 日，国家主席习近平在第三次"一带一路"建设座谈会上指出："要加强海外利益保护、国际反恐、安全保障等机制的协同协作。"② 显然，如何保护日益庞大且不断增加的中国海外利益，已经成为中国重大的外交战略问题。对社会主义国家和具有"和为贵"深厚东方文化传统的中国来说，军事入侵、殖民主义等霸权路径已然被抛弃，在总结西方发达国家经验和中国外交自身实践的基础上，战略沟通、公共外交、警务外交、军事外交、领事保护、外交保护、私人安保、国内立法、商业保险等已然成为中国海外安保体系的重要组成部分。作为直接负责中国海外利益的外交部门，中国外交部在海外利益保护中具有至关重要的地位，其实施的领事保护正在成为中国海外利益保护的重要屏障。为此，本书并不试图也不可能全面地论述中国海外利益保护机制及其实施，而试图对中国领事保护机制进行全面、系统的评估，为中国海外利益保护添砖加瓦。

领事制度的历史比常驻外交使团的历史更为悠久和多变。"早期的领事是基于国际贸易发展的需要而产生的。"③ "前导者"（prostates）和"外国代表人"（proxenos）被视为现代领事的先驱者。"前导者"由

---

① 新华网. 中共中央政治局召开会议　审议《国家安全战略（2021—2025 年）》《军队功勋荣誉表彰条例》和《国家科技咨询委员会 2021 年咨询报告》中共中央总书记习近平主持会议［EB/OL］.（2020-11-18）［2020-11-18］. http：//www.news.cn/politics/leaders/2021-11/18/c_1128077610. htm.

② 新华网. 习近平在第三次"一带一路"建设座谈会上强调 以高标准可持续惠民生为目标 继续推动共建"一带一路"高质量发展 韩正主持［EB/OL］.（2021-11-19）［2021-11-19］. http：//www.news.cn/politics/leaders/2021-11/19/c_112808148 6. htm.

③ 李宗周. 领事法和领事实践［M］. 梁宝山，黄屏，潘维煌，等，译. 北京：世界知识出版社，2012：3.

居住在外国的希腊殖民者选定，作为外国（希腊）殖民地和当地政府间法律和政治关系的中间人。大约在公元前 6 世纪，埃及人准许居住在瑙克拉蒂斯（Naucratis）的希腊人推选"前导者"，用希腊法律管理希腊人。同一时期，在印度的某些地方发现类似的制度。在公元前的一千年中，希腊的城邦中存在着被指定的"外国代表人"来维护指定国的利益。中国在 19 世纪中叶对西方正式开放之前，领事官员——也许名称不同但职能相同，已经存在数百年了。不过现代领事制度是伴随西方的殖民侵略而传入中国的。清政府于 1877 年设立了第一个海外领事馆。当然，"治外法权"是现当代中国人所熟悉的领事保护制度，因而为现当代中国所厌恶。伴随着亚非拉国家在第二次世界大战之后纷纷独立，领事关系终于基于主权平等原则再次在国际社会得以重建。1963 年 3 月 4 日至 4 月 22 日，联合国召开领事关系会议。会议最后通过包含 79 条的《维也纳领事关系公约》和其他重要文件。不过，鉴于改革开放前，走出国门的中国公民和企业极少，此时中国尚无实行领事保护的需求。中国领事保护是伴随改革开放后中国公民和法人"走出去"而逐步得到重视和加强的。领事保护致力于保护本国国民和法人的权利，已被国际公约和国际条约所承认，并为各国领事实践所肯认，但国际文献至今未就领事保护（consular protection）给出明确的定义。①

与领事保护相关的还有两个概念，即"领事协助"（consular support，consular assistance）和"领事服务"（consular service）。2007 年加拿大外交部《领事服务报告》认为，协助在国外生活、旅行或在国内准备出国旅行的公民是每个国家领事服务工作明确的组成部分，国际领事关系的一项基本原则就是所有国家应该保护海外国民的利益。为海外加拿

---

① 钱其琛. 世界外交大辞典［M］. 北京：世界知识出版社，2005：1215-1216.

大公民提供服务有很多形式，而基本的只有两个，即保护和协助。英国外交部规定，领事服务指外交部为海外英国公民提供的一系列服务，包括必要时向海外英国公民在英国国内的家人所提供的服务①。依据中国外交部公布的《中国境外领事保护和服务指南（2003年版）》的定义，领事服务是"中国驻外使、领馆依据本国有关法律和法规为在接受国内的本国公民提供涉及国际旅行证件、公证、认证等事宜的服务"②。依据夏莉萍的研究，"领事服务"和"领事协助"两个概念的最大区别在于它们涵盖的范围不一样。"领事服务"囊括了《维也纳领事关系公约》第五条规定的所有领事职务的内容，自然也将领事协助和领事保护的内容包括在内③。根据中国领事服务网的定义，领事保护是指派遣国的外交领事机关或领事官员，在国际法允许的范围内，在接受国保护派遣国的国家利益、本国公民和法人的合法权益的行为④。据此，基于相关研究，本书认为，"领事协助"是在本国海外公民或法人陷入困境时，外交部门提供必要的帮助和协助，基本可以涵盖在广义的"领事保护"范畴当中。"领事服务"是指为本国或他国公民和法人办理相关证件、公证、认证等程序性服务，是比领事保护更为广泛的概念。中国外交部公布的2018年版领事保护指南定名为《中国领事保护和协助指南》，2018年3月征求公众意见的法律也定名为《中华人民共

---

① 夏莉萍. 领事保护机制改革研究——主要发达国家的视角［M］. 北京：北京出版社，2011：18.
② 中国新闻网. 外交部公布新版中国境外领事保护和服务指南（2003版）［EB/OL］. (2003-05-12)［2020-01-08］. http：//www. china. com. cn/international/txt/2003-05/12/content_5328355. htm.
③ 夏莉萍. 领事保护机制改革研究——主要发达国家的视角［M］. 北京：北京出版社，2011：19.
④ 中国领事服务网. 领事常识［EB/OL］. (2020-01-08)［2020-01-08］. http：//cs. mfa. gov. cn/gyls/lscs/.

和国领事保护与协助工作条例（草案）》，可见中国领事保护工作主要内容就是"领事保护"和"领事协助"。具体而言，中国领事保护同时包括了狭义的领事保护和领事协助，狭义的中国领事保护就是当中国公民、法人的合法权益在驻在国受到不法侵害时，中国驻外使领馆依据公认的国际法原则、有关国际公约、双边条约或协定以及中国和驻在国的有关法律，反映有关要求，敦促驻在国当局依法公正、友好、妥善地处理；中国领事协助是指中国驻外使领馆向中国公民或法人提供帮助或协助的行为，如提供国际旅行安全方面的信息、协助聘请律师和翻译、探视被羁押人员、协助撤离危险地区等。鉴于中国"大政府"文化传统和现实国情，中国领事保护的实际内容实质上通常包括了狭义的领事保护和领事协助，有时甚至涵盖了为撤侨公民补办临时身份证件的领事服务内容。鉴于此，本书主要在广义上使用领事保护的概念。

为了强化中国海外公民和法人的安全保护，中国不仅建立了部际联席会议机制，成立了领事保护中心，形成了以外交部为中心、相关部门密切配合的"大领事"格局和中央、地方、驻外使领馆、企业和公民个人"五位一体"的联动机制，还完善了由"中国领事服务网""领事直通车"微信、微博和"外交部12308"手机客户端以及抖音构成的领事工作"一网两微一端一抖"新媒体矩阵。但是，无论是横向比较世界各国的领事保护机制，还是纵向分析中国领事保护机制的进展与实际领保需求，中国领事保护机制在取得重大进展的同时，存在很多亟待充实和完善之处。尤其是当我们仔细分析各种大规模短时间内动用国家与社会人财物的种种"国家行动"时，我们发现，要提高领事保护的效率与实效，完善中国的领事保护机制显得更加重要和紧迫，因为最好的保护是预防，只有制定一个完善的领事保护机制，才能更好地做好新形势下的"海外民生工程"。这就需要我们在全面客观评估中国领事保护机制既有成就的同时，积极发现其中的不足与短板，并提出具有建设性、前瞻性的诊断建议。

　　本书试图通过分析冷战结束以来中国领事保护的实际运作机制，从中总结中国领事保护机制的现状和不足，并提出相关政策建议，为推动"一带一路"建设走深走实保驾护航。根据领事保护的逻辑顺序，中国领事保护机制主要由事前预防机制、事中应急机制、事后善后机制和后勤保障机制构成。为此，本书在对中国海外公民和法人安全现状以及领事保护历史发展梳理（第一章）的基础上，将分四章依次对领事保护四个机制的内容进行分析、评价、诊断，并提出相应对策和建议。当然由于资料和见识所限，本书的诊断必有偏颇甚或不对之处，如能抛砖引玉足矣。

第一章

"一带一路"与中国领事保护

共建"一带一路"倡议源于中国，但机会和成果属于世界。自党的十八大以来，以习近平同志为核心的党中央深刻把握当今世界的时代特征和人类社会发展的总体趋势，提出"一带一路"倡议，坚持共商共建共享全球治理观，推动构建人类命运共同体。共建"一带一路"所彰显的"和平合作、开放包容、互学互鉴、互利共赢"丝路精神，包含着丰富的时代价值和人文底蕴，符合天下大同、协和万邦的中国理念，彰显了同舟共济、权责共担的命运共同体意识，为推动经济全球化健康发展提供了充满东方智慧的中国方案。然而，伴随"一带一路"倡议的走深走实，中国海外安全逐渐成为中国外交日益突出和重要的挑战。恐怖主义、刑事犯罪、保护主义、民粹主义、政局动荡等传统和非传统安全风险逐渐成为悬在境外法人和中国公民头上的"达摩克利斯之剑"。为此，深入分析研判中国海外安全现状及其特点就成为加强中国领事保护工作的基本前提，也是推动领事保护成为中国特色大国外交重要一环的重要推力。

第一节　"一带一路"与中国海外安全风险

在多种多样的海外安全风险中，生命安全风险应该是最大的风险，面对这一安全风险，撤侨是最后也是最复杂的领事、外交保护举措，因而也最能反映一国的海外安全状况与特点。对中国而言，海外撤侨经历了从偶尔实施到经常采用的转变。这一转变既反映了中国"外交为民"理念的深入，又反映了中国海外安全日益严峻的客观现实。另外，外交部领事司网站发布的海外安全提醒实时反映海外安全风险状况，报告中国公民海外安全事件，以便为国内公民提供目的国的最新安全动态。这些安全提醒绝大部分源自中国驻各国使领馆的实地报道，其可靠性和权威性较高，能够在一定程度上反映中国海外安全风险状况。为此，本章将通过中国海外撤侨历史和近年外交部领事司海外安全提醒的数据研究来分析中国海外公民面临的安全现状。

一、中国海外安全风险的紧迫性：基于中国海外撤侨的视角

根据国际法和各种国际条约及国际惯例，外交保护与领事保护是一国保护其海外公民和法人利益的主要途径。由于外交保护针对的是外国不法行为，并采取措施追究外国的国家责任，是一国外交行为，而领事保护则是领事官员对本国公民的日常保护以协助本国国民适用当地救济。因此，领事保护是实施海外公民保护的最合适和最常用的手段。领事保护的方式方法多种多样，撤侨则是领事保护的最后也是最复杂的手段，甚至是在某种意义上的最有效手段。当海外公民和法人的生命财产受到重大威胁而当地政府又不能提供有效保护时，撤侨就是其国籍国根据国际领事保护的"属人管辖权"原则而不得不采用的领事保护措施。

虽然改革开放前我国就从印尼、越南等国组织过撤侨工作，但真正从领事保护角度处理撤侨工作则是在改革开放后尤其是在冷战结束以后。2007 年 8 月 23 日，外交部领事保护中心正式成立，并开始承担领事保护与协助工作，先后多次成功组织和实施从多国紧急撤离侨民的行

动，安全撤离中国公民近 10 万人①。本书根据公开资料不完全统计，自 20 世纪 90 年代以来（截至 2017 年 12 月 31 日），中国至少实施了 31 次海外撤侨行动（表 1-1），平均每年至少一次，其中较为瞩目的要属 2011 年利比亚撤侨和 2015 年也门撤侨。可以说，21 世纪以来，撤侨已经从偶尔实施的领保手段逐渐成了"家常便饭"。这一方面是因为海外中国公民不断增多的客观现实，另一方面由于中国撤侨和领保应急机制日渐成熟。正是这种非常态的撤侨领保行动折射了中国海外安全的基本现状。

表 1-1　20 世纪 90 年代以来中国 31 起重大撤侨事件一览

序号	案例	撤侨时间	所属地区	事由	撤侨规模
1	科威特	1990.8	中东	双边战争	4885 人
2	索马里	1991.1	非洲	内战	246 人
3	也门	1994.5	中东	内战	500 多人
4	印度尼西亚	1998.5	东南亚	反政府学潮与排华骚乱	600 余人
5	所罗门群岛	2000.6	南太平洋	政变	121 人
6	利比里亚	2003.6	非洲	内战	36 人
7	所罗门群岛	2006.4	南太平洋	因选举引发暴力事件	312 人
8	尼泊尔	2006.4	南亚	局势动荡	517 人
9	东帝汶	2006.4	东南亚	首都骚乱	243 人
10	黎巴嫩	2006.7	中东	双边武装冲突	170 人
11	汤加王国	2006.11	南太平洋	骚乱	193 人
12	乍得	2008.2	非洲	内战	411 人

---

①　中国领事服务网．领事工作媒体吹风会现场实录（上）［EB/OL］．（2019-01-09）［2020-01-12］．http：//cs.mfa.gov.cn/gyls/lsgz/ztzl/2018ndlsgzcfh/t1628183.shtml.

续表

序号	案例	撤侨时间	所属地区	事由	撤侨规模
13	泰国	2008.11	东南亚	反政府示威	3346人
14	墨西哥	2009.5	拉丁美洲	甲型H1N1疫情大暴发	98人
15	加蓬	2009.9	非洲	选举暴力	22人
16	海地	2010.1	拉丁美洲	地震	48人
17	吉尔吉斯斯坦	2010.6	中亚	社会骚乱	1299人
18	埃及	2011.1	非洲	社会骚乱	1848人
19	利比亚	2011.2	非洲	骚乱与内战	35860人
20	日本	2011.3	东亚	地震	9300多人
21	菲律宾	2012.5	东南亚	领土争端	376人
22	中非共和国	2012.12	非洲	内战	317人
23	中非共和国	2013.3	非洲	内战	67人
24	越南	2014.5	东南亚	民族主义	3860人
25	利比亚	2014.7	非洲	武装冲突	959人
26	伊拉克	2014.6	中东	内战	1258人
27	也门	2015.3	中东	双边军事冲突	613人
28	尼泊尔	2015.4	南亚	地震	5685人
29	南苏丹	2016.7	非洲	内战	1005人
30	新西兰	2016.11	南太平洋	地震	125人
31	印度尼西亚	2017.11	东南亚	火山喷发	11239人

资料来源：本书根据公开出版书籍（《紧急护侨：中国外交官领事保护纪实》，2010）和互联网（中国领事服务网）资料整理，时间截至2017年12月31日。

二、中国海外安全风险地区分布：基于海外安全提醒的归类

中国外交部海外安全提醒较为全面地反映了中国海外公民安全风险的类型和基本情况。通过梳理海外安全提醒可以发现中国公民海外安全

风险的基本类型。

2000 年 12 月 8 日中国外交部官网发布第一条安全提醒，标志着外交部海外安全提醒发布机制正式建立。就内容而言，海外安全提醒旨在为国内公民及时提供有关目的国的旅行提示，并为当地的中国公民提供安全指南。另外，就其权威性和可靠性而言，本书共收集 144 条出国安全提醒，剔除 1 条不相关信息，可供参考的共 143 条（表 1-2），其中的 120 条直接源自中国驻各国使领馆的实地报道，因此，海外安全提醒能够为中国公民海外安全风险提供大量来自一线的可靠数据，具有较高的研究价值。但该数据研究仍存在一定的不足，因受限于中国外交部领事司网站的信息留存，本书仅收集 2018 年 9 月 14 日至 2020 年 3 月 12 日发布的出国安全提醒。尽管样本容量有限，但也较全面地显示了中国海外公民所面临的各类风险情况。

表 1-2　海外安全提醒各安全风险类型的地区分布

（时间：2018 年 9 月 14 日—2020 年 3 月 12 日）

安全风险类型/地区		中东北非地区	撒哈拉以南非洲地区	东南亚	南亚	拉美及加勒比地区	南太平洋	东欧中亚	西欧北美	总计
人身伤害风险	战争或武装冲突	25	8	3	0	0	0	0	0	36
	恐怖袭击	15	13	4	7	0	0	0	1	40
	海盗活动	0	1	0	0	0	0	0	0	1
	社会动荡	9	7	4	0	4	0	1	0	25
	非法暴力事件	2	6	2	1	9	0	0	0	20
	小计	51	35	13	8	13	0	1	1	122

安全风险类型/地区		中东北非地区	撒哈拉以南非洲地区	东南亚	南亚	拉美及加勒比地区	南太平洋	东欧中亚	西欧北美	总计
财产安全风险	经济纠纷	0	0	0	0	0	0	0	0	0
	财物盗窃抢劫	0	1	0	0	0	0	0	2	3
	小计	0	1	0	0	0	0	0	2	3
法律及文化冲突风险	违反当地法律或风俗	0	0	0	0	0	0	0	0	0
	阻碍出入境	0	0	0	0	0	0	0	1	1
	不公平执法待遇	0	0	0	0	0	0	0	1	1
	小计	0	0	0	0	0	0	0	2	2
意外事故及自然风险	流行疫病	0	7	2	1	1	1	0	0	12
	自然灾害	0	1	1	1	0	0	1	0	4
	小计	0	8	3	2	1	1	1	0	16
总计		51	44	16	10	14	1	2	5	143

资料来源：中国领事服务网。

　　综合地区分布与安全风险类型，由表1-2可看出，除南太平洋外，其余地区均有涉及人身伤害风险的安全提醒，其中，中东北非地区、撒哈拉以南非洲地区各计51条、35条，也就意味着将近四分之三的人身安全类安全提醒源自上述两个地区，并且主要涉及战争和恐怖袭击，安全形势尤为严峻，由于治理能力弱而导致的社会动荡与非法暴力事件也不在少数，社会治安不佳；其后东南亚、拉美及加勒比地区均是 13 条。就财产安全风险而言，相关安全提醒集中于西欧北美地区和撒哈拉以南非洲地区。法律及文化冲突类安全风险则只有西欧北美地区，一例是由于 2019 年 1 月孟晚舟在加拿大被拘而触发的不公平执法待遇，另一例是由于美国执法机构多次采取出入境盘查、上门约谈等多种方式骚扰赴美中国公民而造成的阻碍入境风险。就意外事故与自然灾害风险而言，撒哈拉以南非洲地区、东南亚、南亚依次计 8 条、3 条、2 条，其中撒哈拉以南非洲地区显然是流行疫病的高发区，而东南亚、南亚气候由于炎热多雨，因而涝灾严重，也成为登革热的高发区。

总体而言，中东北非地区、撒哈拉以南非洲地区是高危地区，战争或武装冲突、恐怖袭击等烈度大的安全事件时有发生，撒哈拉以南非洲地区还是流行疫病的重要温床，因此，在上述两个地区的中国公民，其人身安全存在巨大的潜在风险。与中国相邻的东南亚、南亚地区以及隔洋相望的拉美及加勒比地区成为中国海外公民的第二大高危区，但东南亚地区、南亚地区仍以战争或恐怖袭击等烈度较大的安全风险为主，拉美及加勒比地区则主要以政府治理失序导致的社会动荡与非法暴力事件类安全风险为主。而西欧北美地区的人身安全风险较低，该地区对中国公民的主要威胁在于法律及文化冲突。

第二节 中国海外安全现状与特点

依据中国撤侨行动与外交部领事司发布的海外安全提醒的数据统计，我们可以将中国海外安全的现状和特点总结如下。

一、中国海外安全威胁日渐从偶发、单发向频发、群发转变，领事保护任务日益繁重，领事保护已经成为中国外交工作的重要组成部分

中国早在 2008 年就已经成为世界上仅次于美国的海外公民遇险国。① 自 1990 年以来，中国至少实施了 3 次海外撤侨行动，几乎平均每年一次，既有只涉及几十人的小规模撤侨，又有涉及 3 万多人的大规模撤侨，这些行动既引起了中央高层的重视，又牵涉千家万户普通百姓的生命财产安全。中国海外安全提醒不仅涉及人身安全而且涉及财产安全，提醒频率不断增加。这说明随着中国"走出去"战略和"一带一路"倡议的实施、海外利益的扩展，中国海外安全威胁日渐增多增大，日渐从偶发、单发向频发、群发转变，中国外交必须将更多资源投向领事工作，以便更好地为海外中国公民和法人保驾护航。

二、中国海外安全日益成为国家领导人和普通百姓密切关注的重大外交事件，不仅成为中国外交工作的重要组成部分，而且日益成为内政外交互动的新领域

自 2001 年江泽民主席提出"三个代表"重要思想以来，立党为公、执政为民理念日益成为各政府部门的核心理念，公众外交即中国外交部实践这一理念的成果。2004 年 3 月 19 日，中国外交部部长助理沈国放正式对外宣布，外交部将在新闻司设立一个新机构——"公众外交处"，从此面向国内普通公众的公众外交进入人们的视野。中国外交

---

① 方伟. 中国公民在非洲的安全与领事保护问题 [J]. 浙江师范大学学报（社会科学版），2008（05）：43-49.

也开始走下"外事无小事"的神坛，日益接近普通大众并加强了对国内公众的外交服务工作。后来，公众外交更是被纳入公共外交的大概念中。随着每年走向海外的中国公民数量的激增和全球化、信息化带来的微博、微信等新技术对信息的传播和塑造，通过海外公民保护增强政府合法性已经成为现代政府不可逃避的问题，任何的不经意、疏忽、贻误或失误是不允许的。随着"外交为民"理念的深入发展，中国外交逐渐从维护国家利益和办好大国外交的高度来看待和处理领事保护工作。中国在半年内两次从中非撤侨的事例就充分表明党中央和当地使领馆对海外公民安全的高度关注态势和审慎应对态度。事实上，21世纪以来，一旦出现较大规模的海外公民遇险事件，从外交部首长到国务院总理和国家主席都会亲自指示并作出实际部署。例如，在利比亚撤侨案例中，不仅胡锦涛总书记、温家宝总理亲自作出重要指示和批示，而且由国务院副总理张德江担任应急指挥部的总指挥。2014年9月，习近平主席在马尔代夫与马总统会谈时表示，鼓励更多中国公民到马旅游，希望马方采取有效措施，切实保障中国游客安全和合法权益。2014年8月，李克强总理在会见来华出席第二届夏季青年奥林匹克运动会闭幕式的马达加斯加总理库卢时表示，马达加斯加是中国侨民众多的非洲国家之一，中国侨民同当地民众和睦相处、患难与共，希望马方为他们提供工作、生活便利。上述事实表明，中国对海外公民和法人安全的关注不仅仅是口头的形式上的，而且确实是实实在在摆在最高领导人案头的大事。事实上，以领事保护为代表的境外"民生工程"，既是中国向国际社会展示国家实力、传播负责任国家形象的公共外交平台，又是中国向国内社会塑造负责任政府形象、践行以人为本外交理念的公众外交契机，是中国政府统筹好内政外交联动大局的新领域。

三、中国海外安全风险的主要安全威胁与风险主要存在于发展中和欠发达国家

撤侨行动本身已经表明，侨居国已经无法保障侨民安全，母国只能采取撤侨这种无奈的最后办法以保障侨民安全。虽然，撤侨的地区分布并不能完全代表海外中国公民安全威胁的地区分布，却能反映海外中国公民海外安全威胁的基本情况（表1-3）。如果说撤侨反映的是境外安全的高风险分布的话，与日常生活紧密相连的安全提醒就反映了中国海外公民和法人的日常安全风险分布（表1-4）。

表1-3　20世纪90年代以来中国海外撤侨地区分布

所属地区	非洲	东南亚	中东	南太平洋	拉丁美洲	南亚	中亚	东亚
撤侨次数	10	6	5	4	2	2	1	1

表1-4　出国安全提醒的地区分布

（时间：2018年9月14日—2020年3月12日）

地区	中东北非地区	撒哈拉以南非洲地区	东南亚	南亚	拉美及加勒比地区	南太平洋	东欧中亚	西欧北美
数量	51	44	16	10	14	1	2	5
占比	35.70%	30.80%	11.20%	7.00%	9.80%	0.70%	1.40%	3.50%

从表1-3可知，中国海外安全的主要威胁来自非洲，其次是东南亚、中东、南太平洋以及拉丁美洲、南亚、中亚和东亚，而北美洲、欧洲这些经济较为发达、社会较为稳定的地区虽然也时而有个别中国公民遭受生命财产安全的情况，但基本上属于刑事犯罪范畴，因而这些地区是海外中国公民相对安全的地区，基本上不存在撤侨的必要。从表1-4

中也能得出相似结论，近年来安全提醒大部分指涉中东北非地区
（35.70%）、撒哈拉以南非洲地区（30.80%）以及东南亚（11.20%），
将近80%的安全提醒来自上述三个地区。而对于非洲、东南亚、中东、
南太平洋、拉丁美洲、南亚和中亚、东亚而言，由于这些地区的很多国
家经济状况较差，国家尚处于转型建制过程中，社会治安失序较为常
见，而同时自然矿产资源或旅游资源较为丰富，因此往往成为中国公民
出国经商、务工、旅游高聚集的地区，从而成为中国公民和法人海外威
胁高发区域。

**四、中国海外公民和法人面临的主要安全威胁源于社会治理失
序，传统安全威胁仍然是主要威胁来源**

国际关系中讲的安全通常指的是"国家安全"或"国际安全"，安
全的主体通常是主权国家或者由主权国家构成的国际社会整体。本书认
为，"安全"是指个体或者群体所处的环境"风险""危险"的状态和
心理感受。它包括主观上对外界没有害怕或者恐惧的心理感受，客观上
有消除危险或恐惧的能力①。因此，安全概念应该跨越人为的国际国内
界限而回归安全的本质。根据安全威胁的来源不同并跨越国际国内政治
的二元划分，公民个体既面临传统安全的威胁，又面临全球化条件下非
传统安全的威胁。传统安全威胁是指主要由政治、军事、外交冲突引起
的国际冲突和主要由政府治理失序、社会治安不佳引起的国内冲突，这
属于传统上的"高政治领域"。非传统安全威胁是指人类所共同面临的
非政治、军事、外交性的问题，这属于传统上的"低政治领域"。撤侨

---

① 李晓敏.非传统安全威胁下中国公民海外安全分析［M］.北京：人民出版社，
2011：59.

行动虽然并不能涵盖侨民所面临的所有安全类型（如失窃、抢夺、诈骗、交通事故、恐怖袭击、骚乱、内战等），但能反映侨民所面临的本质性安全威胁，因而更具有决策参考意义。从表 1 和表 2 可知，海外中国公民面临的主要安全威胁仍然集中在传统安全领域，但需要注意的是，这里的传统安全威胁已经不再是传统上的国际安全威胁，而是主要源于一国国内的政治、社会治理失序，如选举不公、社会公共事件导致的局势动荡甚至政变和内战常常波及海外中国公民生命财产安全，成为中国不得不撤侨的最主要根源。

五、中国海外安全风险相当大一部分威胁属于长期风险

按照海外安全提醒发布次数进行划分，可分为首次提醒、再次提醒或延期、长期多次提醒（表 1-5）。首次提醒是指该提醒发布前一月内，领事司或中国驻该国使领馆未发布该国同种安全风险的安全提醒。首次提醒一般由突发事件引起，安全风险类型不定，有效时长也因安全形势各异而不尽相同。再次提醒或延期是指该提醒有效期即将结束或逾期一月时，再次发布该国的同种安全提醒或延长有效期。再次提醒或延期意味着安全威胁尚未解除，一般是由于安全风险程度较高、影响较大，安全形势甚至有恶化的趋势，不排除有发展为长期安全风险的可能。长期多次提醒是指涉及某国的某种安全提醒已在此前连续发布两次或以上。存在多次提醒的情况意味着该国安全风险程度高、烈度大，政府对安全状况缺乏有效的管控措施，并且安全形势短期内难以实现好转。

表1-5 海外安全提醒各安全类型的发布次数

（时间：2018年9月14日—2020年3月12日）

安全风险类型/发布次数		首次提醒	再次提醒或延期	长期多次提醒	总计
人身伤害风险	战争或武装冲突	9	6	21	36
	恐怖袭击	12	6	22	40
	海盗活动	1	0	0	1
	社会动荡	17	7	1	25
	非法暴力事件	16	3	1	20
	小计	55	22	45	122
财产安全风险	经济纠纷	0	0	0	0
	财物盗窃抢劫	2	1	0	3
	小计	2	1	0	3
法律及文化冲突风险	违反当地法律或风俗	0	0	0	0
	阻碍出入境	1	0	0	1
	不公平执法待遇	1	0	0	1
	小计	2	0	0	2
意外事故及自然风险	流行疫病	10	2	0	12
	自然灾害	4	0	0	4
	小计	14	2	0	16
总计		73	25	45	143
占比		51.00%	17.50%	31.50%	100%

由表1-5可知，长期多次提醒共计45条，占比31.50%，接近三分之一，并且全数出自人身安全风险，战争或武装冲突、恐怖袭击这两类烈度强、影响广、危害严重的安全风险占据其中的绝大多数。这类长期风险是中国境外公民和法人必须注意规避和防范的风险。

六、"一带一路"沿线核心地区国家安全状况不容乐观，部分国家是高烈度安全风险的集中地，并且具有长期性，风险程度较高

如果我们把撒哈拉以南非洲地区以及南太平洋地区划入"一带一路"外围地区的话，在笔者收集的143条安全提醒中，涉及"一带一路"沿线核心国家的共61条，占总数的42.7%，接近半数。

（一）地区分布与安全风险类型分析

就地区分布而言，由表1-6可知，在这61条安全提醒中，指涉次数最多的地区是中东北非地区，共计31条，占"一带一路"沿线核心国家安全提醒的50.82%；随后是东南亚地区和南亚，分别计有16条和9条，各占26.23%和14.75%；余下地区占比皆不足4%。就安全风险类型而言，由表1-6可知，关系人身伤害风险类的安全提醒仍占大多数，共计53条，占比86.89%。人身伤害风险中战争或武装冲突共计25条（40.98%），恐怖袭击共计19条（31.15%），这两类风险在"一带一路"沿线核心国家中所占比例，相较于前文分析的在海外整体所占比例都有所增加。

表1-6 "一带一路"沿线核心地区国家安全提醒各安全风险类型的地区分布

（时间：2018年9月14日—2020年3月12日）

安全风险类型/地区		中东北非地区	东南亚	南亚	拉美及加勒比地区	东欧中亚	西欧北美	总计	占比
人身伤害风险	战争或武装冲突	22	3	0	0	0	0	25	40.98%
	恐怖袭击	8	4	7	0	0	0	19	31.15%
	海盗活动	0	0	0	0	0	0	0	0.00%
	社会动荡	1	4	0	1	1	0	7	11.48%

续表

安全风险 类型/地区		中东北 非地区	东南亚	南亚	拉美及 加勒比 地区	东欧 中亚	西欧 北美	总计	占比
人身 伤害 风险	非法暴力事件	0	2	0	0	0	0	2	3.28%
	小计	31	13	7	1	1	0	53	86.89%
财产 安全 风险	经济纠纷	0	0	0	0	0	0	0	0.00%
	财物盗窃抢劫	0	0	0	0	0	0	0	0.00%
	小计	0	0	0	0	0	0	0	0.00%
法律 及文 化冲 突风 险	违反当地法律 或风俗	0	0	0	0	0	0	0	0.00%
	拒绝或阻碍入境	0	0	0	0	0	1	1	1.64%
	不公平执法待遇	0	0	0	0	0	1	1	1.64%
	小计	0	0	0	0	0	2	2	3.28%
意外 事故 及自 然风 险	流行疫病	0	2	1	0	0	0	3	4.92%
	自然灾害	0	1	1	0	1	0	3	4.92%
	小计	0	3	2	0	1	0	6	9.84%
总计		31	16	9	1	2	2	61	
占比		50.82%	26.23%	14.75%	1.64%	3.28%	3.28%	100%	

（二）安全提醒的发布次数与风险程度分析

在"一带一路"沿线国家安全提醒中（表1-7），多次提醒的比例将近40%，这一比例相较于前文分析的在海外整体所占比例（31.50%）高出近8%。这意味着"一带一路"面临高比例的长期安全风险，这些风险一般而言管控难度大，难以在短期内解除。

表1-7 "一带一路"沿线国家安全提醒发布次数统计

（时间：2018年9月14日—2020年3月12日）

安全提醒发布次数	数量	占比
首次提醒	28	45.90%
再次提醒或延期	9	14.80%
长期多次提醒	24	39.30%

海外安全提醒发布机制按风险程度将安全提醒划分为三个级别，即"注意安全""谨慎前往"和"暂勿前往"，风险程度依次递增。将表1-8与表1-9对比可知，"谨慎前往"与"暂勿前往"在"一带一路"沿线国家的比例分别为19.67%、49.18%，均显著高于其在全球各地区的比例。

表1-8 海外安全提醒的风险程度

（时间：2018年9月14日—2020年3月12日）

安全风险程度	数量	占比
注意安全	70	48.95%
谨慎前往	23	16.08%
暂勿前往	50	34.97%

表1-9 "一带一路"沿线国家安全提醒的风险程度

（时间：2018年9月14日—2020年3月12日）

安全风险程度	数量	占比
注意安全	19	31.15%
谨慎前往	12	19.67%
暂勿前往	30	49.18%

综上，"一带一路"沿线的部分国家，尤其是地处中东北非地区、东南亚地区的国家，政府治理失序、社会治安不佳；其涉及的大部分安全风险类型属于人身安全风险，并且战争或武装冲突、恐怖袭击频发；其相当大一部分风险属于长期风险，短期内难以有效管控；其所涉及的相当一部分威胁风险程度较高。因此可以看见，在当前与不久的未来，"一带一路"建设需要承担较大的风险，并且随着"一带一路"建设的深入发展所带来的相关区域人员输入的增加，安全风险会骤增，而相关区域的领事保护任务也会相应大幅增加。因此，鉴于"一带一路"在中国外交战略布局中重要性的日益提升，中国海外公民安全风险的防范必须更加关注"一带一路"沿线国家。

第三节 中国领事保护的历史发展

领事保护是海外利益保护重要的一环。领事最早产生于欧洲，比派遣大使还要早。"领事"一词最早出现在公元 5 世纪末，是从 5 世纪末西欧奴隶社会瓦解，进入封建社会，并伴随着城镇的出现而开始萌芽的。联合国《维也纳领事关系公约》指出，领事关系是自古以来人民之间建立的。那时欧洲出现了很多城邦国家，某城邦国家的商人到另一个城邦国家经商，他们选举了一个头儿，就叫领事。领事最早是由参与者选举的，后来由国家派遣。而公使、大使是自 16 世纪以后，欧洲国家的王室与王室之间互派的，是国家元首的官方代表。当派遣常驻大使普遍实行之后，同一个国家的外交机构与领事机构合二为一，领事官系列纳入外交官系列且二者可以互换。可以说领事官是外交官的一部分，但仍保持原有的传统特性。现在很多国家的驻外大使馆的领事参赞兼任总领事，看来外交官不能完全取代领事官。

领事的起源表明，领事从一开始产生就与本地老百姓远距离生活工作密切相关，这一特点决定了一个国家的老百姓出国越多，越需要领事；一个国家越不开放，出国人员越少，就越不需要领事。新中国领事制度就是伴随中国不断对外开放而逐步发展和完善起来的。

一、改革开放前的领事保护：艰难探索

鸦片战争后帝国主义国家群起瓜分中国，领事成为列强侵略中国的工具，通过不平等条约攫取的各种特权包括享受治外法权的租界、领事裁判权等，成为强加给现代中国的民族耻辱之一。为此，中国人民对外国的领事没有什么好印象。但是，伴随全球化与国际交往的迅速发展，领事也逐渐成为中国外交的重要一环。

中国对海外公民安全和利益的维护是从关心和爱护海外华侨开始的。中国共产党和中国政府历来重视和关心海外华人华侨的利益。早在1935年8月1日，在中共中央发表的《为抗日救国告全体同胞书》以及《关于目前政治形势与党的任务决议》等文件中，就明确提出："保护侨胞在国内外生命、财产、居住和营业的自由。"1949年，中华人民共和国第一部临时宪法性质的文件《中国人民政治协商会议共同纲领》明确规定，"中华人民共和国中央人民政府应尽力保护国外华侨的正当权益"。1951年10月23日，周恩来总理在全国政协一届三次会议上表示：我国散居海外的华侨约达一千万，由于某些国家无理地歧视乃至迫害他们，他们的正当权益已受到了重大损害，这不能不引起中国人民和政府的深切注意和关怀。1954年的《中华人民共和国宪法》第九十八条规定：中华人民共和国保护国外华侨的正当权益。此后，中国政府对华侨政策进行了不断完善，在《中华人民共和国国籍法》《中华人民共

和国公民出入境管理法》《中华人民共和国归侨侨眷权益保护法》和
《中华人民共和国海商法》等法律法规中都明确规定了政府的责任，并
把爱侨工作作为中国驻外使领馆的一项重要职责。此时，中国领事保护
主要处理了两起东南亚大规模排华事件：20世纪50年代末60年代初
的印尼排华事件和20世纪70年代后半期的越南排华事件。据不完全统
计，从中华人民共和国成立到1978年，全国接待安置归侨、难侨近百
万①。然而，"文化大革命"的爆发极大地冲击了领事保护的正常发展，
中外领事条约的签订工作基本停滞，中国对外领事关系受到很大的影
响，领事保护在此时期鲜有建树②。20世纪60年代末，外国在中国设
立的领馆减少至6个，中国在外国设立的领馆也减少至5个③。可见，
尽管中国对海外华侨做了不少领事保护工作，但限于当时中华人民共和
国的实力不足、冷战对抗的外交环境和对不干涉内政原则的坚定坚持的
影响，虽然中国政府具有强烈的爱侨护侨之心，但是中国政府对海外华
侨华人的领事保护受到了很大限制，保护海外国民更没有被纳入中国外
交政策之中。

改革开放前的领事保护工作不仅受到客观条件的限制，而且是由当
时领事保护需求不大的原因造成的。从1949年到1979年，我国出境总
人数仅为28万人次④。中国公民因私出国人数极少，人群种类单一。
1949年至1978年，全国公安机关共批准因私出国的仅21万人次⑤且绝

---

① 广东省地方史志编纂委员会.广东省志·华侨志［M］.广州：广东人民出版社，
1996：224.
② 青峰石.外交部大楼里的故事［M］.北京：世界知识出版社，2006：219.
③ 本书编写组.新中国领事实践［M］.北京：世界知识出版社，1991：21.
④ 徐步青.备好"走出国门"这堂课［N］.人民日报，2009-09-29（03）.
⑤ 依法推进中国公民出入国管理法制化规范化进程 充分保障公民出入国合法权益——
出入境管理"两法"颁布20年中国公民出入国管理工作综述［EB/OL］.（2006-
08-06）［2020-02-21］.http：//dong-sheng.gov.cn/.

大多数是华侨和侨眷。同时，伴随双重国籍问题的逐步解决，大多数东南亚华侨选择了侨居国国籍，华侨人数也大为减少。相对较少的出境活动和逐步减少的华侨数量直接导致了领事保护案件少，领事保护工作的开展相对缓慢。

尽管中国政府对华侨权益高度重视，但限于美苏冷战的地缘政治背景和刚刚成立的中华人民共和国其领事保护观念的淡薄，有时候应对超级大国的安全威胁常常压倒了对华侨权益的维护。外交部编写的《中国领事工作》也认为该阶段"可以用于实施领事保护的外交资源非常有限，中国领事保护工作常常处于'有心无力'的境地，举步维艰"①。可见，改革开放前，国外华侨"要保护自己的正当权益，主要必须依靠华侨自身的团结"②。这一时段中国领事保护机制建设不仅需求低，而且尚未起步。

二、改革开放以来中国领事保护的发展：初步形成

改革开放以来，随着中国国际地位的提高和中外交流的迅速发展，我国对外领事关系和领事工作才进入一个新的发展时期。1979 年 3 月，中国在澳大利亚悉尼建立了第一个总领事馆，同年 7 月 3 日申请并于 8 月正式加入《维也纳领事关系公约》。1980 年 9 月与美国签署第一份领事条约。1982 年《中华人民共和国宪法》规定：中华人民共和国保护华侨的正当的权利和利益，保护归侨和侨眷的合法的权利和利益。至此，中国政府开始完全按照国际惯例全面履行国际社会保护海外公民安全和利益的义务并承担相应责任。中国领事保护工作得以顺利开展，并

---

① 本书编写组 . 中国领事工作（上册）［M］. 北京：世界知识出版社，2014：331.
② 本书编写组 . 中国领事工作（上册）［M］. 北京：世界知识出版社，2014：331.

逐步建立和完善相应的领事保护机制。

在 1998 年中央明确提出"走出去"战略并在 2001 年加入世界留易组织之后，随着境外中国公民的猛增，中国公民海外安全事件开始引起国人高度关注。1998 年《中国外交》白皮书专门有一节约 300 个字谈及 1997 年处理领事保护案件的情况。20 世纪 90 年代，中国处理的两起重要领事保护案件是 1990 年从科威特撤侨和对 1998 年印尼排华事件的处理。1998 年，中国外交部和驻外使领馆印发了《中国境外领事保护和服务指南》。2000 年 12 月，外交部官网发布了第一条海外安全提醒信息。可见，伴随中国改革开放的逐步推进和"走出去"战略的展开，不仅中国领事保护观念日益强化，而且中国领事保护机制初步成型。

三、21 世纪以来中国领事保护的发展逐步成熟

21 世纪以来，中国改革开放逐步深入。中国国内居民出境人次大幅增加。根据国家统计局资料，国内居民出境人次从 2000 年的 1047 万增加到 2019 年的 1.7 亿，20 年内增加了 15 倍。伴随境外中国公民的猛增，领事保护需求急剧增加，中国领事保护机制也得到了不断完善。

随着"三个代表"思想成为党和国家的指导思想，如何执政为民也成为外交部政府职能转变的重要政治任务。在此背景下，直接服务于普通民众的领事保护工作自然成为外交外事部门落实"执政为民""外交为民"思想的工作载体。2004 年 6 月，在阿富汗发生的造成 11 名中国公民死亡的恐怖袭击事件后，胡锦涛总书记表示："尽管我们中国有13 亿人口，但我们珍惜每个同胞的生命，绝不能允许恐怖主义威胁中

国公民的安全。"① 2004 年 11 月，经国务院批准，由外交部牵头、国务院 26 个有关部门参加且包括军队有关部门的境外中国公民和机构安全保护工作部际联席会议制度成立。在高层领导人的重视下，自 2004 年起，中国开始有系统有计划地从危机发生国撤离本国公民。自 1990 年以来几乎一年一次海外撤侨行动表明，撤侨已经从偶尔实施的领保手段逐渐成了中国领保事务的"家常便饭"。2005 年，"积极维护我国公民在海外的生命安全和合法权益"，被首次写进了国务院的政府工作报告；在 2006 年的报告中，政府的保护责任进一步丰富为"保护中国公民和法人在海外的合法权益"。中国领事保护工作伴随中国"走出去"步伐的加快而逐步走向正轨。

2013 年中国正式提出"一带一路"倡议，中国不仅立足于走出去，还试图通过搭建更大合作平台，以自身发展带动沿线国家发展，推动构建人类命运共同体，从而为实现中华民族伟大复兴提供更坚实的保障。自中国实施"走出去"战略以来，中国企业对外直接投资一直保持快速增长态势。2002 年中国对外直接投资仅为 27 亿美元。"一带一路"倡议的提出极大地促进了海外投资的猛增，海外利益保护需求急剧增加。2020 年中国对外直接投资 1537.1 亿美元，同比增长 12.3%，流量规模首次位居全球第一。截至 2020 年年末，中国对外直接投资存量达 2.58 万亿美元，仅次于美国（8.13 万亿美元）和荷兰（3.8 万亿美元）。自党的十八大以来，领事工作的重要性被提升到一个前所未有的高度。党的十八大报告中写道，"将扎实推进公共外交和人文交流，维护我国海外合法权益"。党的十八届三中全会通过《中共中央关于全面深化改革若干重大问题的决定》，提出要完善领事保护体制。中国外交

① 中国侨网. 珍惜每个同胞：中国领事保护"五加强"应万变［EB/OL］.（2006-01-14）［2020-02-28］. http：//www.chinaqw.com/news/2006/0114/68/13062.shtml.

部副部长罗照辉指出,"以人民为中心"是新时代领事外交工作的基本出发点,领事保护事关人民群众切身利益,事关千万家庭的福祉安康,国人脚步走到哪里,领事保护就跟到哪里①。2020 年,面对突如其来的新冠肺炎疫情,我国向 100 多个国家的 500 多万侨胞发放了"健康包""春节包"。我国不仅实行了"春苗行动",积极协助和争取为海外同胞接种国产或外国疫苗,还推出了国际旅行健康证明便利中国公民旅行。显然,自党的十八大以来,领事保护不仅仅是外交部的重要工作,也成为中国最高领导人的重要工作,成为中国特色大国外交的重要组成部分。

---

① 中国新闻网. 中国外交部副部长罗照辉:国人脚步走到哪里,领事保护就跟到哪里[EB/OL]. (2019-08-09)[2020-05-03]. http://www.chinanews.com/gn/2019/08-09/8922219.shtml.

第二章

预防性领事保护机制评估

"凡事预则立，不预则废"。最好的保护是预防，领事保护的最高境界是帮助海外公民不出事、少出事、出小事、出事之后知道怎么办。要做到这一点，海外公民国籍国必须构建起科学、完善、有效的预防性领保机制。领事保护有广义和狭义两种界定。狭义的领事保护是指，当派遣国国民（包括法人）的合法权利和利益在领区内受到违反国际法的不法行为损害时，领事官员同领区当局交涉以制止此种不法行为，恢复受害人应享有的权利和利益，要求对已受到的损害予以赔偿。广义的领事保护还包括领馆和领事官员向派遣国国民提供必要的帮助和协助。《维也纳领事关系公约》和中国同外国签订的双边领事条约都确认领事官员有权帮助和协助派遣国国民（包括法人）。国际领事保护一般指的是广义的领事保护。根据中国领保实践，本书亦从广义的角度界定领事保护。据此，根据领事保护的逻辑顺序，本书认为领事保护机制主要由预防性领事保护机制、应急性领事保护机制、善后处理机制和后勤保障机制构成，虽然四个机制缺一不可，但预防性领事保护机制由于能够事前对各种风险进行预测与识别，并事前做好各种预案安排，能够大大地减少领保案件的发生，降低领保案件的危害性，从而成为领事保护的基础与前奏，并自然成为各国领事保护极为关注的关键环节。

预防性领事保护内涵十分丰富，概括地说，凡是各级政府、驻外使领馆、企业以及学校、行业协会等其他一切社会力量，开展的有利于引导中国公民和企业规避海外风险（政治、经济、文化等），采取措施加强自身安全防范的各类活动，均可被纳入预防性领事保护范畴。具体而言，除了基本的机构建设机制之外，预防性领事保护机制由时效性逐渐缩短的海外安全宣传教育机制、海外政治风险评估机制、海外员工安全管理机制、海外公民信息登记机制、海外政治风险预警机制五部分组成（图2-1）。以下将依次对这五个具体机制运行现状进行描述分析，对其不足进行诊断，并提出相应对策和建议。

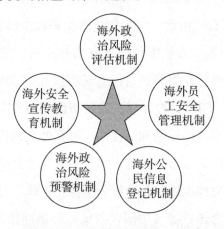

图 2-1　预防性领事保护机制的构成

第一节　海外安全宣传教育机制

通过普遍性的信息传播与宣传教育尽量让每一个海外公民了解、熟知异国他乡的国情风俗、出入境的基本要求与程序、风险类型、风险防范本领等是预防性领事保护机制最基础的一环。

一、中国海外安全宣传教育机制的运行现状

（一）多样化的领事保护指南的编辑出版

为了普及领事保护常识，外交部先后编写了通用性以及专门针对公民与企业的四种领事保护指南。

1. 通用性的领事保护指南

2000 年外交部首次出台了《中国领事保护和协助指南》（以下简称"指南"），其目的是"方便中国公民在国外旅行、工作、学习或居留期间，通过中国驻外使领馆维护自己的正当权益"。2003、2007、2008、2010、2011、2012、2015、2018 年，这份指南历经 8 次更新，与原版相比，加强了实用性、可操作性和可读性，可在外交机构、出入境国际机场免费索取，并在网上公布。同时，为了加强少数民族侨胞的安全风险防范意识，更有针对性地做好预防性领事保护工作，外交部领事司与国家民委监督检查司合作，将《中国领事保护和协助指南》翻译成蒙古、藏、维吾尔、哈萨克、朝鲜文，并向有关地方和驻外使领馆发放这 5 个少数民族文字版本指南。就内容而言，指南（2018 年版）主要按照出国时间顺序分为六大部分，第一，出国前特别提醒：对出国前的各项准备工作（如护照有效期、保险、机票、可携带物品等）进行了详尽的提醒。第二，出国后特别提醒：对抵达目的地后对适当行为进行了提醒。第三，领事官员可以为您做什么：详细列举了海外公民可以从领事官员处得到何种协助。第四，领事官员不可以给您做什么：详细列举了领事官员在哪些事情上无能为力。第五，中国公民海外旅行、留学、经商常见问题：列举了海外公民常见问题及其解决办法。第六，12308 热线及领事保护与协助电子平台简介：对中国外交部最新的领事保护联络

与信息获取平台进行了介绍。总之，指南（2018 年版）为中国海外公民提供了极为详尽的信息，值得每一个准备出国的中国公民仔细阅读①。

2. 海外中国公民文明指南

2009 年外交部出版的《海外中国公民文明指南》主要由"海外中国公民文明社交指南""海外中国公民文明举止指南"和"海外中资企业机构文明指南"三部分组成，已成为赴海外人员的必读本，对树立中国公民海外文明形象发挥了积极作用。

另外，鉴于 21 世纪以来，中国出国旅游人数激增，为提高海外中国公民文明素质，塑造中国公民良好国际形象，2006 年中央文明办、国家旅游局联合颁布了《中国公民出境旅游文明行为指南》和《中国公民国内旅游文明行为公约》，规范了中国公民海外旅游行为，有利于逐步纠正海外中国公民的不文明行为。

3. 中国公民海外安全常识

《中国公民海外安全常识》是外交部于 2009 年 7 月出版的系列宣传册，该出版物普及了包括出行必备、行前推荐、出行安全、居住安全等方面的中国公民在境外期间所必须了解的安全常识。为保证广大海外侨胞人身财产的安全提供了详细的建议。

4. 企业领事保护与协助指南

2011 年外交部还推出了企业版《领事保护与协助指南》，即《中国企业海外安全风险防范指南》，以加强企业海外利益保护。其内容包括了"组织领导""员工选派和聘用""安全培训""风险评估""安全软环境建设""安保硬件投入""日常管理"和"应急管理"八个方面，涉及企

---

① 中华人民共和国外交部领事司. 中国领事保护和协助指南［M］. 北京：世界知识出版社，2018.

业安全的几乎所有方面，可以说是企业海外安全的"红宝书"。

（二）丰富多样的领保宣传活动

中国领事服务网从 2002 年 4 月 15 日发布第一条领事保护新闻起，截至 2019 年 6 月 3 日，共发布了 921 条领事保护新闻。通过对新闻标题文字的词频统计，并经过筛选，我们得到了有关中国领事保护宣传活动举行状况（表 2-1）。

表 2-1　中国领事保护宣传活动高频词（2002—2019）

高频词	频次	高频词	频次	高频词	频次
举办	135	进校园	45	讲座	23
举行	95	招待会	42	宣传	22
活动	74	召开	42	新春	19
座谈会	66	开展	39	会议	19
出席	48	春节	37		

从表 2-1 可知，中国领事保护活动形式多样，召开各种座谈会、领保宣传进校园、节假日招待会、领保讲座、各种专题性活动、领保官员出席活动等。

1. 领事保护座谈会

从表 2-1 可知，领事保护座谈会是中国领事机构举办最多的具体领事保护宣传活动，座谈会不仅可以召集中国境外各行各业的公民或法人代表，而且可以邀请东道国政府代表。通过座谈会，中国领事机构不仅可以将中国最新最全面的领事保护政策传递出去，而且可以为境外公民和法人代表提供东道国政府的联络渠道，可以说是一举两得，如表 2-2 所示。

表 2-2　驻几内亚比绍使馆举办预防性领事保护座谈会

2017 年 12 月 27 日，驻几内亚比绍使馆临时代办田玉震在使馆主持召开在几比中资机构和人员预防性领事保护座谈会。几比公共治安警察局总局长德卡瓦略、司法警察局局长佩雷拉、海关关长恩基林、移民局副局长卡萨马，我援几比农技组、经合组、医疗队、中资企业和商会代表等约 20 人出席，使馆经商参赞何建民、领侨组和经商参处工作人员参加座谈会。

田代办在讲话中表示，近年来，中几比两国关系发展势头良好，人员往来日益密切。中国专家组、企业和公民正在为几比各领域发展与建设贡献力量，需要一个稳定、安全的工作和生活环境。中国使馆始终重视海外安全问题，希望借此机会，搭建起使馆、驻几比中资机构与几比各部门的沟通机制。在座各位都是中几比友谊的见证者、捍卫者和促进者，希望大家以本次活动为契机，进一步加强联系，密切配合，携手努力，深化两国传统友谊，推动中几比双边关系在现有基础上不断取得新的进展。

田代办要求在几比各中资机构和企业将安全视为事关企业和机构生存与发展的最重要因素，不断加大投入，完善保障措施，严明纪律约束，加强相互配合与协调，切实强化海外安全，做到讲政治、顾大局，讲规矩、守法律，强问责、抓实效。田代办介绍了外交部全球领事保护与服务应急呼叫中心 12308 热线和"外交部 12308"微信小程序，鼓励大家关注安全形势，做好预防措施。

参加活动的外方来宾分别介绍了几比治安形势、安全风险、营商环境、投资法规、货物进出口政策、海关申报规定以及边境人员出入境管控等与在几比中资机构和中国公民密切相关的事项，并表示，中几比两国自几比独立解放战争时期即结下了深厚友谊，长期以来，在几比中资机构和中国公民为几比经济社会发展做出了卓越贡献，几比政府各部门十分注重维护在几比中国公民的人身安全和切身利益，愿同中国使馆积极配合，推动两国关系深入发展。

参会中资机构和华侨代表纷纷表示，通过座谈会进一步了解了几比安全形势和相关政策法规，将遵守当地法律，合法经营，积极回馈当地社会，以实际行动树立祖国良好形象，维护双边关系大局。

资料来源：中国领事服务网。

2. 领保进校园

从表 2-1 可知，领保进校园是中国领事保护机构开展第二多的领事保护宣传活动。自 2012 年 3 月 22 日，中国驻曼彻斯特总领馆在曼彻斯特大学启动 2012 年"领事保护进校园"系列活动以来，截至 2019 年 6 月 3 日，7 年间中国领事保护机构已经在国内外举办了总计 52 次①领保进校园活动（表 2-3），年均约 7 次。

表 2-3 领保进校园活动一览（2012—2019）

序号	时间②	涉及学校	国别	参加人数
1	2012-03-22	曼彻斯特大学、曼彻斯特城市大学、英国北方皇家音乐学院、索尔福德大学和利物浦大学	英国	100
2	2012-07-23	华南师大附中南海实验高中	中国	300
3	2012-09-12	南加州大学	美国	100
4	2012-11-21	华盛顿大学	美国	200
5	2013-03-26	南洋理工大学	新加坡	200
6—7（2场）	2017-09-05	新南威尔士大学、悉尼大学、悉尼科技大学	澳大利亚	400
8—11（4场）	2017-09-23	渥太华大学、亚岗昆学院和卡尔顿大学	加拿大	500
12	2017-10-27	多所高校	波兰	60
13	2017-10-27	哥廷根大学	德国	60

---

① 词频统计是 45 次，但其中 3 条是同一个活动，第 6 条包括了 2 场活动，第 8 条包括了 4 场活动，第 33 条包括了 3 场活动，第 36 条包括了 2 场活动，第 48 条包括了 2 场活动，故此处为 52 次。

② 指新闻发布时间，与活动实际发生时间有出入。其中第 6、7 条在同一时间发布，为了区分此处以实际发生时间为准。

续表

序号	时间	涉及学校	国别	参加人数
14	2017-10-30	莱顿大学	荷兰	200
15	2017-10-31	哥本哈根大学、哥本哈根商学院、南丹麦科技大学、奥胡斯大学以及奥尔堡大学	丹麦	160
16	2017-11-08	美国加州大学圣地亚哥分校等3所当地高校	美国	未知
17	2017-11-10	马耳他大学、圣马丁高等教育学院	马耳他	30
18	2017-11-11	都柏林理工大学	爱尔兰	100
19	2017-11-13	博洛尼亚大学	意大利	100
20	2017-11-14	马斯特里赫特大学	荷兰	100
21	2017-11-17	南加州大学	美国	未知
22	2017-11-24	考文垂大学、华威大学	英国	100
23	2017-12-08	亚历山大大学、法鲁斯大学	埃及	30
24	2017-12-22	以色列理工学院	以色列	100
25	2018-01-13	基辅大学、基辅语言大学、柴可夫斯基音乐学院、基辅工学院等	乌克兰	50
26	2018-03-20	国际伊斯兰大学和国立语言大学	巴基斯坦	200
27	2018-05-02	梅西大学	新西兰	未知
28	2018-05-14	卧龙岗大学	澳大利亚	150
29	2018-05-21	开普敦大学	南非	100
30	2018-07-20	澳大利亚国立大学	澳大利亚	120
31	2018-07-25	昆士兰大学	澳大利亚	200
32	2018-07-26	麦考瑞大学	澳大利亚	400

续表

序号	时间	涉及学校	国别	参加人数
33—35 （3场）	2018-08-03	科廷大学、伊迪斯科文大学、 西澳大学	澳大利亚	300
36—37 （2场）	2018-09-10	亚利桑那大学、亚利桑那州立大学	美国	未知
38	2018-09-17	南加利福尼亚大学	美国	200
39	2018-10-12	喀布尔大学	阿富汗	160
40	2018-10-16	帝国理工大学	英国	100
41	2018-10-17	国际伊斯兰大学、国立语言大学	巴基斯坦	300
42	2018-10-30	马耳他大学、圣马丁高等教育学院等	马耳他	30
43	2018-11-06	中国驻釜山总领馆领区内大学	韩国	30
44	2018-11-26	南大河州联邦大学	巴西	未知
45	2019-04-08	伊斯坦布尔大学	土耳其	未知
46	2019-04-09	喀布尔大学	阿富汗	150
47	2019-04-10	达尔文大学	澳大利亚	20
48—49 （2场）	2019-04-10	首尔国民大学、忠清南道青云大学	韩国	200
50	2019-04-29	八一学校	中国	50
51	2019-05-23	捷克技术大学、查理大学等6所高校	捷克	未知
52	2019-06-03	希伯来大学	以色列	30

从领事保护进校园实践看，领事保护进校园绝大多数活动在国外大学针对中国留学生、汉语教师开展，如表2-4所示，仅有2次活动在国

内中学针对中学生开展,如表2-5所示,累计活动参加人数大约6000人次①,并且绝大多数活动发生在西方发达国家和部分风险较高的发展中国家与"一带一路"沿线国家。这种活动安排充分表明,中国外交部门所开展的"领保进校园"活动具有极大的针对性、代表性。

表2-4 驻以色列使馆开展领保"进校园""下工地"活动

近期,鉴于以色列安全形势,为增强在以中国公民安全防范意识,驻以色列使馆开展"预防性领保"系列活动。

2019年5月31日,使馆领侨处董哲参赞一行赴希伯来大学举办"领保进校园"活动,希伯来大学孔子学院中方院长王世洲及30余名中国留学生参加。

董参表示,以色列地缘政治和安全形势特殊,希望大家提高安全防范意识,关注使馆网站和"以馆为家"微信平台,遇紧急情况及时报警并与使馆联系。希望大家平安留学,学有所成,成为中以两国友谊的桥梁。

资料来源:中国领事服务网。

表2-5 八一学校师生体验"领保进校园"首站活动

2019年4月29日下午,外交部领事保护中心给八一学校50余名师生上了一堂别开生面的"领事保护公开课",帮助同学们了解海外安全知识和领事保护工作,分享外交部和驻外使领馆践行"以人民为中心"理念的各项领事服务举措。

活动期间,师生们观看了领保中心独家制作的也门撤离纪录片,听取了有关留学与海外旅行的相关安全常识,欣赏了领事保护情景剧大赛一等奖《安全须知》的精彩表演,并同领事司崔爱民司长进行了面对面的交流。

崔爱民司长说,领事保护与协助工作与老百姓切身利益联系最紧密,直接关系海外同胞的生命财产安全和正当合法权益。领保中心首次针对中学生举办"领保进

---

① 在上述统计中,绝大多数新闻给出了大致的参加人数,合计5630人次,但有8场没有给出参加人数。通常而言,未给出参加人数的活动人数较少,故保守估计按照每场大约40人计算,则合计320人次。故总计5950人次。

续表

校园"活动，目的就是帮助今后走出国门的同学了解海外安全风险和领事保护常识，提高海外安全防范意识和能力，系好海外出行的"第一粒扣子"。他勉励大家做一个学习领保知识的"有心人"，传递海外安全常识的"热心人"和关注祖国外交事业的"暖心人"。

参访同学纷纷认为此次公开课生动活泼，使大家既对海外安全风险有了进一步了解，又加深了对中国外交和领事保护与协助工作的认知，更深切体会到"祖国在你身后"这句话的深刻含义。同学们还表示，今后将主动当好领事保护志愿者，向更多的亲朋好友传递海外安全常识，共同做好海外出行的风险防范和自我保护。

资料来源：中国领事服务网。

事实上，尽管在早期"领保进校园"活动主要在国外校园举行，但近两年加大了在国内中小学的领保宣传活动。在 2019 年全年，"领保进校园"活动走进了全国 15 所中小学校。2019 年 10 月 30 日，由外交部领事保护中心和外交部驻澳门公署联合主办的"领事保护进校园"活动首次在港澳地区开展，走进了澳门濠江中学。濠江中学师生现场参观了"领事保护进校园"图片展，观看了《也门撤侨》纪录片，聆听了外交部领保中心负责人讲授的领事保护公开课，欣赏了领保主题相声《安全须知》，全方位加深了对中国领事保护与协助相关知识的了解[1]。之所以在中小学校举办这样的宣传活动，目的不仅是让孩子们了解必要的领保常识，更是希望通过孩子们的言行影响家长，通过"小手拉大手"带动整个社会重视海外出行安全。

3. 利用节假日举办领保招待会

从领保高频词分析，利用春节（37 次）、新春（19 次）、国庆等中

---

[1] 中国领事服务网."领事保护进校园"走进澳门濠江中学［EB/OL］.（2019-10-30）［2020-03-21］. http：//www.fmcoprc.gov.mo/chn/xwdt/t1712006.htm.

国传统节日召开驻地中资企业、中方外派机构、驻地华侨华人社团、驻地东道国警局等领事保护涉及的中外机构共同参加的招待会已经成为中国驻外使领馆开展领事保护宣传的重要活动形式（表2-6）。招待会不仅宣讲了中国外交政策，而且介绍了中国驻外使领馆最新的领事保护举措，并加强了与相关保护协调机构的日常联系，为潜在的领事保护工作做好了前期准备工作。

表 2-6　驻圣保罗总领馆举办领保工作招待会

　　2018 年 12 月 14 日晚，驻圣保罗总领馆举行 2018 年度领保工作招待会。来自圣州政府、警方、华社、中资机构、孔子学院、领区领事协助志愿者及媒体代表等约 120 人出席，陈佩洁总领事及总领馆全体外交官参加。

　　陈佩洁总领事在致辞中感谢领区各界一年来对总领馆领保工作强有力的支持和帮助，表示总领馆始终将领保工作作为重中之重，全力加强应急机制建设和预防性领保宣传。未来，随着中巴全面战略伙伴关系的不断深入和"一带一路"、金砖合作的不断推进，将有更多中国公民来巴西投资、兴业、求学、观光和居住，总领馆领事保护和协助工作始终有较大工作压力。陈总强调，总领馆将继续秉承中国政府"外交为民"的理念，不断提升服务意识和能力，深化馆侨企警安全合作机制，做好领保与协助工作，为旅圣中国公民安居乐业保驾护航。同时，诚望得到领区官民各界一如既往的支持，全力保障在圣中国公民、中资企业和机构与人员的安全，助推中巴两国和两国人民友谊长青。

　　圣保罗州民警总长代表路易斯·朱尼尔警官、凶杀及人身保护局代表阿林多·内格朗警官、巴西华人协会会长张伟、巴西中资企业协会会长王岩松等分别致辞，感谢总领馆在推动中巴友好交往、促进双方警务交流、维护在巴中国公民和机构合法权益方面所做的工作，愿继续支持和配合总领馆做好领事保护与协助等相关工作。

　　招待会上，陈佩洁总领事向 10 位本年度为领保工作做出突出贡献的各界人士颁发表彰状。

续表

> 活动现场气氛热烈，来宾们与总领馆外交官开怀畅谈，共叙友谊；总领馆制作的全年领保工作回顾电子图片展受到关注；有关领保的宣传资料及纪念品受到欢迎；圣保罗州立大学孔子学院和华星艺术团表演节目也为招待会添彩。大家共同度过了一个温馨美好的夜晚。

资料来源：中国领事服务网。

4. 举办领保讲座

举办领保讲座是另一种较为常见的领保宣传活动，"讲座"（23次）同样成为中国领保活动的高频词之一。例如，2013 年 3 月 29 日，中国驻缅甸使馆举办"中国在缅企业和公民领事保护知识讲座会"。在缅中资企业代表、经商人员、外派教师、留学生及使馆领事部、经商处、文化处等工作人员约 130 人出席。2019 年 4 月 23 日，针对瓜亚基尔市治安形势恶化情况，为提高广大同胞的防范意识，增强自我保护能力，驻瓜亚基尔总领事张滔偕工作团队，联合厄瓜多尔国民警察第八警区司令部"十月九日大街"警局，在中国侨民生活、工作较为集中的瓜亚基尔市巴伊亚地区举办领事保护与安全防范知识讲座。厄警方代表托瓦尔上尉及其团队、部分侨团负责人及侨胞代表等 30 余人参加。与缅甸讲座单纯局限于中国人和中资机构不同，在瓜亚基尔市举办的这次讲座特地邀请了驻地警局人员参加。厄警方专职人员以幻灯片的形式，图文并茂地向与会人员详细讲解了日常安全防范的要点和步骤，在住处、街道、驾车、银行交易和网络交易等场合与情景下如何加强防范和应对突发情况。显然，这种做法深化了馆侨企警安全合作机制，提高了领保预防工作的效果。

5. 利用各种新媒体加强领保宣传

"宣传"（22 次）成为中国领保工作的高频词并不奇怪。为便于公众了解和掌握领事证件知识，提高公众证件安全意识和防范能力，促进领事证件工作更好地开展，外交部 2011 年 12 月 28 日正式印发《中国领事证件服务指南》。该指南分为"行前准备""出境入境""在外居留""申办证件""安全使用""特别提示"六部分，根据各类证件的共性和特点，较全面地介绍了领事证件知识，并就出国人员易发生的证件问题做出安全提醒，内容简洁实用。

中国外交部还组织编纂出版了关于领事保护的两本著作：2016 年编辑出版了《祖国在你身后：中国海外领事保护案件实录》和 2019 年出版了《一枝一叶总关情——中国外交官领事保护与协助手记》。这两部著作通过海外领事保护案例和中国外交官的实际经历讲述了诸多生动的领事保护案例，起到了良好的宣传作用。

一般证件宣传之外，专题宣传是中国开展领保宣传的重要载体。比如，2008—2009 年，以"海外公民平安迎奥运"和"树立海外公民文明形象"为主题，中国在国内外广泛开展了"领保宣传月"活动。

为拓宽领事工作宣传渠道，使领事资源更好地为民所知、为民所用，外交部不仅充分开发传统媒体的利用空间，而且积极利用新媒体传播领保知识。2012 年 4 月 7 日起领事司与《人民日报》（海外版）合作开辟了"领事服务"专栏，每两周一期以外交部领事司名义刊文，解答海内外读者关心的领事问题，介绍与海外民众密切相关的领事政策、各项业务、具体办事程序、有关注意事项等。为适应"互联网+政务"和新媒体发展趋势，外交部领事司于 2014 年开通"领事直通车"微信公众号。2014 年 9 月外交部全球领事保护与服务应急呼叫中心 12308 热线正式启动。2017 年 3 月外交部正式推出 12308 微信版，今后中国海外公民除了可以继续电话拨打 12308 领保热线之外，还可以通过它的微信公众平台进行实时咨询和求助。12308 微信版拥有三大模块，分别是安全提醒、在线客服和一键求助，点击"国家/地区"则直接显示暂勿前往的国家/地区，以及谨慎前往和注意安全的国家/地区。点击客服则可直接与客服进行对话，点击一键求助则可直接拨打应急呼叫中心电话。为打造多元化新媒体政务服务，外交部领事司于 2018 年 1 月开通"领事之声"官方微博，权威发布重要海外安全提醒、涉及中国公民的海外重大突发事件处置情况。2018 年 9 月外交部全球领事保护与服务应急呼叫中心"12308"热线正式推出手机客户端（App）。"外交部12308"手机应用客户端将与"领事直通车"微信公众号和"领事之声"微博同步发布海外安全提醒、涉及中国公民的海外重大突发事件处置情况，介绍重要的中外签证制度安排、涉及中国公民各类领事证件的重要政策信息。2019 年 9 月，领事保护新媒体矩阵又有了新成员，那就是在年轻人中间十分流行的抖音号。面对突如其来的新冠肺炎疫情，2020 年外交部还推出了"中国领事"App，让海外同胞一键直达驻外使领馆，实现"掌上办""零跑腿""全天候"在线办理海外中国公民的旅行证件和领保服务，实现了海外领事"云服务"。至此，由"中国领事服务网""领事直通车"微信与微博、"外交部 12308"手机客户端、"中国领事"App 以及抖音构成的领事工作"一网两微两端一抖"新媒体矩阵最终形成，领事保护宣传几乎无处不在。

6. 领事保护宣传片

视频宣传片可以通过直观的视频加强宣传效果。因此，在中国领事保护宣传中，拍摄领事保护宣传片是一项重要领事保护宣传工作。

早在 2012 年 6 月，中国驻英使馆就发布了《看伦敦奥运·讲文明安全》领事保护与协助宣传片。2017 年 2 月，中国驻俄使馆举行了

《安全文明俄罗斯行》领事保护宣传短片推介会。为积极配合 2018 "中国—加拿大旅游年"，最大限度维护中国公民的人身财产安全，驻加拿大使馆推出《平安愉快加拿大行——领事保护指南》动漫领保宣传短片。该片时长 6 分钟，由入境须知、安全防范和意外处置三部分组成。这一轻松活泼的短片能为来加旅游的中国公民了解旅行安全风险、预防措施、应对方法等提供便捷、实用的帮助。2019 年 1 月，中国驻南非约翰内斯堡总领事馆发布领事保护宣传片，旨在帮助旅南中国公民、华侨华人更好地融入当地社会，提高安全防范意识，增强应急处理能力。此外，一些地方政府也推出了领事保护宣传片以加强宣传效果。例如，2019 年广东省政府发布了《广东省海外领事保护公益宣传片（出国留学篇）》，专门就留学风险进行了介绍。2019 年 10 月 1 日，在中华人民共和国成立 70 周年之际中国外交部推出了首部领事保护公益宣传片《外交为民，祖国在你身后!》[1]，迄今为止在全媒体平台已累计播数亿次。这一领事保护公益宣传短片选取了旅游、留学、工程人员的实际案例，覆盖了最为主要的三类出国人群，具有较强的代表性和针对性。该片片尾有一句话："无论走到哪里，祖国在你身后"，这不仅是一句宣传口号，更是中国外交人员对人民的一句庄严承诺。

7. 设置"领事保护自愿者"

为了加强国内的领事保护宣传工作，"领事宣传自愿者"应运而生。自 2012 年起，山东省政府外事办联合有关单位，采取志愿服务的公益模式，开展领保宣传活动，在全省共举办领事保护图片展 70 余期，

---

① 央视网. 外交为民　祖国在你身后! 首部外交部领事保护公益宣传短片发布［EB/OL］.（2019-10-09）［2020-03-22］. http：//news. cctv. com/2019/10/09/ARTI xOYNpac2xhJVMGVSUZJj191009. shtml.

专题讲座及培训 170 多次,发放宣传手册、卡片等资料 7 万余份①。2020 年 8 月 26 日,在北京市预防性领事保护新渠道启动仪式上,10 位市民代表成为北京市"领事保护宣传志愿者"。仪式现场,活动主办方还为市民代表送上《平安出行爱心卡》《疫情期间出行手册》宣传册等海外安全知识"大礼包"。本次北京市预防性领事保护新渠道包括在中信银行北京分行全市 74 家网点设置"领事保护宣传专区"和定期开展"领事保护大讲堂""领事保护宣传日""行前交流会"等一系列活动②。显然,以"领事保护宣传自愿者"的身份把领事保护宣传纳入志愿服务体系,为国内领事保护宣传提供了更为稳定的宣传队伍和宣传渠道。

(三)境外安全教育培训制度

2005 年 9 月 28 日,商务部、外交部、国资委联合下发了《关于加强境外中资企业机构与人员安全保护工作的意见》,该意见要求各地区、各有关部门和单位要切实做好境外中资企业、机构与人员出境前后的安全教育和管理工作。按照"谁派出,谁负责"的原则,要求派出企业、机构负责对外派人员进行安全教育和应急培训,增强其安全防范意识和自我保护能力。2011 年 3 月 25 日,商务部、外交部、国资委和全国工商联又联合印发了《境外中资企业(机构)员工管理指引》,其中明确要求企业要加强对派出人员的行前教育、培训和考核。培训内容

---

① 人民网."领保伴你行"山东省领事保护宣传暨志愿服务活动启动[EB/OL].
(2017-11-04)[2020-03-24].http://sd.people.com.cn/n2/2017/11/04/c172837-30888026.html.

② 北京市政府外事办公室.北京市预防性领事保护新渠道启动仪式在中信银行北京分行成功举办[EB/OL].(2020-08-28)[2020-08-30].http://wb.beijing.gov.cn/home/wswm/lsbh/lbjwj/202008/t20200828_1992771.html.

重点是外事纪律、涉外礼仪、东道国社会概况、相关的法律法规、风俗习惯、宗教信仰等。培训结束后应组织考核，不合格的人员不能派出。2011 年印发的《中国领事保护和协助指南》同样要求企业要进行安全教育培训。而同年推出的《中国企业海外安全风险防范指南》更是专篇就"安全培训"进行了详细规定，要求企业将外派员工出国前培训作为一项硬性指标加以落实，通过外包、出国培训、专业机构培训等方式，针对公司海外项目和机构负责人、境外安保工作负责人、专职安保人员和普通外派员工的不同岗位要求，对其进行全覆盖、针对性培训，提高安全防范意识和能力，增强安全管理综合能力，切实落实"不培训、不派出"制度。同时企业要将员工派出后的安全培训作为一项日常工作，常抓不懈。结合项目周边风险和自身实践经验，编制海外安全防范工作培训手册，定期和适时组织学习，督促员工不断提高自身安全防范意识和能力。2018 年公布的《中华人民共和国领事保护与协助工作条例（草案）》（征求意见稿）第 26 条和第 29 条，均明确要求在外国的中国法人和非法人组织，要有针对性地对在本单位工作的中国公民进行安全防范教育和应急知识培训。除此之外，草案还要求外交部和驻外外交机构应当根据领事保护与协助有关工作职责的要求，对从事领事保护与协助工作的驻外外交人员及其他工作人员进行任职和专业培训。

二、中国境外安全宣传教育机制的不足与对策

通过采取丰富多样的领保知识普及、领保宣传、培训活动，中国境外安全宣传教育机制日益完善，极大地提高了中国公民和机构的境外安全意识。没有比较就没有鉴别，当我们将中国境外宣传教育机制与世界上其他发达国家相关机制进行比较时，我们发现中国境外安全宣传教育机制仍然存在不少亟须改进的地方。

（一）不足

通过对中国境外宣传教育机制的梳理与总结，我们发现，中国宣传教育机制尽管取得了进步，但总体而言仍然存在三大不足。

1. 趣味性不足、内容冗长、宣传面较小

也正是这一原因导致了中国境外宣传教育机制的宣传效果不够理想，使得中国"走出去"的公民和机构的安全意识仍然淡薄。例如，在 2011 年利比亚大撤侨行动中，有的公民因战乱丢失了护照，但更有不少公民没有随身携带护照原件或者干脆就没有护照或护照过期。在这次大规模撤侨行动中，中国第一次发明设计了中国公民紧急旅行证件临时当护照使用。浏览"中国领事服务网"，我们也可以发现类似提醒中国公民随身携带证件的不少信息。这一方面充分反映了外交部"以人为本、执政为民"的外交理念，另一方面折射了中国公民海外安全常识的缺乏与不足。旅行在外，随身携带护照、旅行证、当地的居留证、工作许可证、社会保险卡等身份证件本应是常识，也是宣传教育机制的基本目的。

2. 过于强调政府责任，忽视公民自身责任

无论是《祖国在你身后：中国海外领事保护案件实录》和《一枝一叶总关情——中国外交官领事保护与协助手记》传统著作，还是《外交为民　祖国在你身后！》宣传片，其宣传重点似乎都在于突出"外交为民"的理念而不是"外面很危险"，最后给人的感觉是"无论你做了什么、无论你在哪里，政府都可以兜底！"这事实上起到了预期的反效果：领事保护宣传片本意是强调"外面很危险，你要遵纪守法，要小心谨慎"，但最后宣传的效果则是"只要是中国人，不管遇到什么事，找政府就可以了！"这也不难理解，在海外领事保护过程中，我们

常常遇到一些公民和企业因为自身违规行为而对外事部门进行"道德绑架"的事件。2018 年，中国游客滞留日本东京成田机场和伊朗德黑兰机场滞留事件典型地体现了部分中国公民过度"维权"的心态。对此，《环球时报》评论道："游客们不应忽略自身责任义务，动辄以'维权'名义提出无理要求，更不应谋求'按闹分配'，对驻外使领馆进行道德绑架。"①

3. 宣传与行为规范脱钩

不管是我们宣传做得不够，还是我们的宣传过于强调了政府责任，实际情况是部分境外中国公民和法人仍然我行我素，在违法违规之后，仍然希望得到中国政府的完全庇护。尽管中国政府对境外任何公民的任何行为都有提供领事协助的责任，但责任毕竟是有限的，受制于国际法、东道国法律、中国法律以及各种风俗习惯，更受制于外交资源。据此，中国在积极提供领事保护与协助的同时，要提升领事保护宣传的效果，还必须建立一个违规违法行为惩戒制度以真正强化宣传效果。例如，2016 年《国家旅游局关于旅游不文明行为记录管理暂行办法》规定，违反境内外旅游目的地社会风俗、民族生活习惯等行为经"旅游不文明行为记录评审委员会"评审确认后会被纳入"旅游不文明行为记录"，并决定是否通报相关部门②。但类似"黑名单"惩戒制度还没有在其他领域建立起来，因而导致境外中国公民和法人根本不重视政府的相关宣传。

---

① 环球网．真想不到！"国产巨婴"们唱国歌前，还曾谩骂我驻外使领馆官员！［EB/OL］．（2018-02-06）［2020-03-28］．https：//baijiahao. baidu. com/s？id=1591607655384970446&wfr=spider&for=pc.

② 中国政府网．国家旅游局办公室关于印发《国家旅游局关于旅游不文明行为记录管理暂行办法》的通知［EB/OL］．（2016-05-31）［2020-03-28］．https：www. gov. cn/xinwen/2016-05/31/content-5078481. htm.

以上不足充分说明，目前中国境外宣传教育机制的功效还停留在表面，中国公民境外安全意识还很淡薄，还没有真正深入普通公民的心中，并养成自觉习惯。这既与中国境外宣传教育机制宣传方式有关，又与中国长期对公民安全意识重视不够有关。为此，中国必须考虑采取针对性措施予以强化。

(二) 对策和建议

1. 大力加强宣传内容的趣味性、多样性与简洁性，不断扩大传播覆盖面，强化宣传效果

以中国印发的《中国境外领事保护和服务指南》为例，其内容虽然很详细，但是缺乏趣味性且篇幅过长，不仅不便于儿童阅读，对成年人也是较大挑战。冗长乏味的灌输不仅不便于人们记忆，而且削减了其宣传的目的与效果。中国对海外安全的宣传形式局限于发布领保指南与讲座，并且开办讲座的次数相较于庞大的境外中国公民和机构实在不多、范围不广，这样就使得绝大多数境外中国公民接收不到相关信息，得不到相应的安全意识教育，达不到宣传教育机制应达到的效果，而且效率低下。尽管我们发布了一些领保宣传片，也有一些趣味性的领保相关的节目，但总体数量仍然相对较少，内容活泼度有待提高，还应该继续解放思想丰富领事保护宣传的形式与内容，以最大限度地将领事保护意识植入每一个中国人心中。

2. 安全教育应"从娃娃抓起"

由于历史和教育体制，中国公民从小就很少接受除文化知识以外的公共安全防范方面的教育。在一项"你出国前，有没有参加过安全教育"的问卷调查中，居然有三分之二的人表示"没有"或"有人提起，

个人没有参加"①。因此，中国公民比起欧美国家公民而言，安全意识普遍较差，这无形中增加了我国公民海外威胁系数。例如，在很多中国人眼中，恐怖分子主要袭击的是美国及西方发达国家公民，中国人与恐怖分子无冤无仇，没有危险。事实上，近年来中国公民也屡次成为恐怖分子的袭击目标。因为，恐怖主义的最大特征之一就是喜欢攻击平民。为此，为了提升中国公民的安全意识，安全教育应该"从娃娃抓起"，应该将公共安全（包括海外安全）教育纳入中小学教学大纲，让中国公民从小养成公共安全意识，熟知基本公共安全急救知识。为此，外交部门应该与教育部门做好沟通协调，多推动"领事保护进校园"活动，尤其是更多地推动中小学参与。

3. 尝试实行全员海外安全教育培训考试制度

虽然中国海外安全培训制度已较为成熟，但这一制度仍然存在不足。从上面关于安全教育培训的分析可知，虽然中国政府公布的很多文件要求实行"不培训、不派出"制度，但这一制度主要针对的是企业派出人员，实施主体是企业，这意味着除了企业员工以外的广大境外中国公民，尤其是日益增多的中国游客和留学生，没有被纳入这个"不培训、不派出"安全教育培训制度，这为境外安全埋下了巨大隐患。虽然，中国领事保护中心于2011年依托中国领事服务网平台，通过引入社会专业力量，建立了"成建制派出人员出国前安保培训"制度，试图弥补这个漏洞，以做到中国海外公民走到哪里，领事保护就跟进到哪里。但这一制度不仅执行不是很到位，而且没有涵盖日益增多的大量以个体或者小团体方式走出国境的中国公民，仍然为境外安全埋下了隐患。因此，应该思考逐步将主要在企业实施的"不培训、不派出"制

---

① 李晓敏. 非传统安全威胁下中国公民海外安全分析 [M]. 北京：人民出版社，2011：96-97.

度进行全员覆盖，在"成建制派出人员出国前安保培训"制度基础上将海外安全教育培训作为每个人"走出去"的必修课之一。为保障每个人都具备一定安全知识，甚至可以考虑以较为简单便利的"行前考试"测试每个人的安全知识。

4. 领事保护宣传要更加突出公民和法人的个人责任意识

领事保护与协助工作的具体职务范围受到国际法、国内法、驻在国法律以及双边条约等一系列条条框框的限制，而其工作成效往往受到驻在国实际国情、风俗习惯和具体案情等客观因素限制。因此，中国领事保护宣传不应该让中国公民和法人认为，在海外的所有需求（合理的与不合理的）可以得到驻外使领馆的领事保护与协助，更不应认为，只要需求没得到满足，就是"使馆不作为"，就是"中国不强大"。反之，中国领事保护宣传要侧重强调海外的风险，侧重强调风险自担，侧重强调政府责任有限。如此，方能真正增强中国公民和法人的境外风险意识和守规责任。

5. 建立海外中国公民和法人违法违规"黑名单"制度

鉴于领事保护与协助的局限性，中国绝不能为境外中国公民和法人的违规违法行为买单，而应当在提供必要的领事协助之时，让其付出相应的代价方能警示其本人和其他人。与此同时，对于在境外出现违规违法行为的个人与法人，应该建立起完善的数据库，进行"黑名单"管理，并在下次签证、审批等出国事务办理时予以参考，杜绝后患。

第二节　海外政治风险评估机制

随着中国"走出去"战略尤其是"一带一路"倡议的实施与海外

利益的急剧扩展，政治风险已经成为境外中资机构和中国海外公民头上的"达摩克利斯之剑"，时刻威胁着境外企业和公民的生命财产安全。因此，如何客观认识、准确评估境外政治风险已经成为进一步实施"走出去"战略和"一带一路"倡议刻不容缓的问题。

一、建立境外政治风险评估体系的必要性与紧迫性

在 1998 年中央明确提出"走出去"战略并在 2001 年加入世界贸易组织之后，走出国门的不仅有越来越多的外交官，更有越来越多的普通中国公民和中资企业以及各种法人机构。根据联合国《世界投资报告》统计，2012 年中国已经成为全球第三大对外投资国。根据联合国贸易和发展会议 2017 年 6 月 7 日公布的《世界投资报告》，受全球经济增长乏力的影响，2016 年全球外国直接投资流量下降 2%，为 1.75 万亿美元，流入发展中国家的外国直接投资尤其受到重创。中国对外直接投资则逆势上扬，2016 年首次成为全球第二大对外投资国。尽管受到中美贸易战和中美关系恶化的负面影响，但中国企业"走出去"的步伐已经难以根本逆转。《2020 年度中国对外直接投资统计公报》显示，2020 年中国对外直接投资 1537.1 亿美元，同比增长 12.3%，流量规模首次位居全球第一。截至 2020 年年末，中国对外直接投资存量达 2.58 万亿美元，次于美国（8.13 万亿美元）和荷兰（3.8 万亿美元）。2020 年中国双向投资基本持平，"引进来"与"走出去"同步发展。截至 2020 年年末，中国 2.8 万家境内投资者在全球 189 个国家（地区）设立对外直接投资企业 4.5 万家，全球 80% 以上国家（地区）有中国的投资，年末境外企业资产总额 7.9 万亿美元。在"一带一路"沿线国家设立境外企业超过 1.1 万家，2020 年当年实现直接投资 225.4 亿美元，同比增长 20.6%，占同期流量的 14.7%；年末存量 2007.9 亿美元，占存量总额的 7.8%。2013—2020 年，中国对沿线国家累计直接投资 1398.5 亿美元①。2019 年在"一带一路"沿线国家新签对外承包工程合同额 1548.9 亿美元，占同期对外承包工程合同总额的 59.5%，同比增长 23.1%。截至 2019 年年末，对外承包工程业务累计签订合同额 2.58 万亿美元，完成营业额 1.76 万亿美元②。尽管受中美贸易战和新冠肺炎疫情的影响，境外劳务人员数量有所下降，但绝对数量仍然不小。事实上，自 2010 年以来，每年中国公民的出境人数以年均超过 1000 万人次的速度递增，2013 年中国公民出境总人数为 9819 万人次。2020 年这一数据已达到 1.55 亿人次。随着中国企业与公民"走出去"步伐的加快，境外中资机构与中国公民遭受的各种生命财产安全事件和政治阻挠事件频发。据夏莉萍不完全统计，从 2001 年 1 月 1 日到 2005 年 6 月 30 日，海外中国公民在 86 个国家发生了 279 起涉及生命安全或财产安全的事件③。尤其是在 2008 年的国际金融危机之后，中资企业与中国公民海外安全事件更是层出不穷，令人忧心。无论是从遥远的利比亚大撤侨行动，还是从近邻越南的紧急撤侨行动，自 21 世纪以来，撤侨已经从偶尔实施的领保手段逐渐成了领保的"家常便饭"。"走出去"的中资企业和中国公民不仅面临直接的生命财产安全风险，还面临伴随中国崛起而来的政治风险。

---

① 商务部. 商务部等部门联合发布《2019 年度中国对外直接投资统计公报》[EB/OL]. (2020-09-16) [2021-09-29]. http://www.gov.cn/xinwen/2021-09/29/content_5639984.htm.

② 商务部. 商务部发布《中国对外投资合作发展报告 2020》[EB/OL]. (2021-02-03) [2021-03-17] https://fdi.mofcom.gov.cn/go-yanjiubaogao-con.html? id=7961.

③ 夏莉萍. 海外中国公民安全状况分析 [J]. 国际论坛, 2006 (01): 41-46.

二、政治风险的内涵

一般而言，境外企业面临的风险存在政治风险与经营风险两种形式。经营风险属于企业内部风险，是企业自身管理问题；政治风险属于外部风险，是企业自身难以把控的。笔者关注的不是企业经营管理的内部风险，而是企业经营所面临的外部政治风险。这种风险同时是境外公民面临的头号安全风险。世界银行多边投资担保机构（Multi-national Investment Guarantee Agency，MIGA）在 2010 年指出，广义地说，政治风险是指跨国企业经营因东道国或母国的政治力量或事件或因国际环境变化而中断的可能性。自此，在 MIGA 每年公布的政治风险报告中，政治风险均构成了投资发展中国家的关键障碍（表 2-7）。

表 2-7　2010—2013 年对外投资的主要障碍（%）

障碍分类 ＼ 年份	2010	2011	2012	2013
问卷数量	94	316	438	459
市场规模有限	9	7	7	5
缺乏投资机会	7	—	—	—
基础设施差	9	11	8	7
缺乏合格员工	10	17	18	18
缺乏融资	5	11	13	13
政治风险	21	18	22	19
宏观经济不稳定	16	15	20	21
缺乏商业环境相关信息	2	—	—	—
无效的政府机构、红头文件、腐败	19	13	8	10

年份 障碍分类	2010	2011	2012	2013
全球金融危机后不断增加的政府管理	—	5	3	4
其他	2	2	1	1

数据来源：世界银行多边投资担保机构。

　　根据笔者的理解，政治风险是指由于东道国各种政治力量的博弈而致使外国企业与公民遭受不利后果的可能性。其中，政治力量既包括东道国内部的政治团体、政治势力，又包括第三国与国际政治力量；既包括政府与国家行为，又包括社会组织与个人的排斥、敌对和恐怖活动等。不利后果既包括生命财产等有形损失，又包括商誉、形象等无形损失。

　　近年来，随着境外安全事件的频发，为了更好地为"走出去"战略保驾护航，从政府部门到企业机构逐步展开了对境外政治风险的研究与评估，出台了相关政策，初步建立了境外政治风险评估机制。通过梳理中国相关部门与机构对境外安全风险的评估，笔者将对中国境外政治风险评估机制建设现状、成就与不足做出评估，并结合现实提出相应对策，以改进境外政治风险评估体系。

三、政治风险评估机制建设的现状与成就

　　2018 年公布的《中华人民共和国领事保护与协助工作条例（草案）》（征求意见稿）第 26 条明确要求：中国法人和非法人组织应当加强海外安全风险评估，对拟派往国外工作的人员进行安全培训，并密切关注有关安全提醒，避免将人员派往高风险国家或地区。海外政治风

险评估机制包括跟踪、分析和研判海外各国的政治、经济、社会基本国情及其动态变化，以对不同国家和地区的总体安全状况进行评估分级，供相关机构和个人做投资、务工、旅游和留学参考。2021 年 11 月 19 日，国家主席习近平在第三次"一带一路"建设座谈会上指出："要探索建立境外项目风险的全天候预警评估综合服务平台，及时预警、定期评估。"① 随着中国"走出去"步伐的加快和"一带一路"倡议的走深走实，各相关涉外部门、企事业单位开始发布一些风险评估报告、安全风险预警提示，并制定了一些涉外安全风险评估制度。中国境外政治风险评估机制初步形成，并取得了初步进展。

（一）风险跟踪预警渐成常态

境外政治风险的最大特征在于动态性与易变性，因而，风险跟踪预警是境外政治风险评估的基本日常工作。进入 21 世纪以来，随着"以人为本"执政理念确立，及时提供安全信息已经成为外交部、商务部的日常工作。"中国领事服务网"和中国商务部"境外风险"板块几乎每天会有安全预警信息更新，每天提供的信息甚至不止一条。对于境外中国公民与中资企业来说，这些主要来自驻外使领馆的官方一手信息，不仅全面及时，而且权威可靠，是做好安全预防的基本参照。

（二）多主体竞争的风险评估格局逐步形成

对于地域辽阔且刚刚"走出去"十多年的中国来说，外面的世界

---

① 新华网．习近平在第三次"一带一路"建设座谈会上强调　以高标准可持续惠民生为目标　继续推动共建"一带一路"高质量发展　韩正主持［EB/OL］．（2021-11-19）［2021-11-19］．http：//www.news.cn/politics/leaders/2021/11/19/c_1128081486.htm.

既精彩又陌生，各国迥然不同的风土人情、宗教文化、政治体制等仍主要停留在表面的书本知识；那些瞬息万变的经商环境、投资风险一直是令人捉摸不透的难题。进入 21 世纪以来，随着中国"走出去"步伐的加快和海外利益受损事件的频发，从政府到企事业单位，再到智库加强了境外风险评估工作，逐渐形成了一个多主体竞争的风险评估格局。

自 2009 年起，商务部国际贸易经济合作研究院和中国驻外经商机构每年都会编写、更新《对外投资合作国别（地区）指南》（以下简称《指南》），客观介绍有关国家（地区）的投资合作环境，并对企业跨国经营应注意的问题给予提示。商务部国际贸易经济合作研究院副院长曲维玺表示，《指南》是商务部作为国家对外投资主管部门主动为社会公开提供的一项重要的公共服务产品，至今已经出版 10 版。2018 年版《指南》覆盖 172 个国家和地区，包括亚洲地区 27 个、西亚非洲地区 63 个、欧亚地区 12 个、欧洲地区 36 个以及美洲大洋洲地区 34 个。新版《指南》对原有数据、信息及政策法规等内容进行了全面更新。特别是针对共建"一带一路"倡议相关国家，新版《指南》就其基础设施现状和发展规划等内容进行了系统、全面、客观的更新。这套覆盖 172 个国家（地区）的《指南》对有意走出国门、开展对外投资合作的企业具有宏观指导作用。

2010 年 8 月 13 日，商务部会同外交部、发展改革委、公安部、国资委、安全监管总局和全国工商联印发《境外中资企业机构和人员安全管理规定》。2012 年 1 月 11 日商务部组织编写了《境外中资企业机构和人员安全管理指南》（以下简称《安全管理指南》）。《安全管理指南》全面介绍了企业境外安全风险管理的原则、目标和流程，重点关注社会公共安全风险，兼顾企业海外业务中常见的经营风险，旨在指导企业科学建立境外安全风险管理体系，有效规避、控制、转移和分散风险。《安全管理指南》是我国首个针对"走出去"企业境外安全风险管理工作的指导性文件，借鉴吸收了国际先进管理理论和一些企业在境外安全风险管理方面的成功经验和做法，具有较强的操作性。

作为境外企业对口管理部门，虽然商务部似乎比外交部更早重视海外安全风险评估，但作为外交主管部门，随着海外经济利益的增多，外交部也逐步强化了对"低政治"的关注和指导。2006 年，外交部会同各有关方面起草了首部《海外安全状况分级评估报告》，首次建立起国家层面海外安全风险评估与预警机制。外交部每年两次公布的《中国海外安全风险评估报告》，已经成为最为权威的风险评估参考。2011 年11 月外交部还公布了《中国企业海外安全风险防范指南》专篇论述了"风险评估"，并对立项评估、安全成本评估、风险动态评估和信息渠道建设提出了具体的指导意见和要求。此指南核心内容一直沿用至今。

除了政府层面的风险评估机制之外，一些涉外企业和社会组织也积极参与境外安全风险评估工作，并取得了不小成就。中国出口信用保险公司自 2005 年以来每年推出《国家风险分析报告》，2013 年还推出了《全球风险地图》。2013 年版报告改变了单一发布"国家风险评级"的模式，而是在每个国家首页发布"国别贸易风险指数""国家风险参考评级"和"国家风险展望"，综合反映一国风险水平。另外，报告（2013 年版）收录了与中国经贸关系最密切、未来双边经济合作最具潜力、中国企业最为关注的 102 个重点国家的国别风险概况，而 2012 年报告还只包括 60 个国家。依据 2019 年报告，未来全球风险前景将主要呈现五大特点：一是受大国和地区间博弈、冲突加剧影响，地缘政治风险总体或将呈上升趋势；二是世界经济增长动力不足，风险逐步通过大宗商品价格等渠道传导至大多数初级产品出口国，世界经济将呈现疲软增长态势；三是全球营商环境复杂多变，企业面临的经营环境改善空间有限；四是全球特别是拉美和非洲部分国家债务风险仍将处于高位，债务问题导致货币危机、财政危机以及社会不稳定的可能性仍然存在；五是受地缘政治风险、经济政策不确定性、贸易政策不确定性等因素影响，全球行业风险凸显且差异化显著，行业发展分化趋势进一步加剧。

2010 年 7 月 11 日，中国独立评级机构大公国际资信评估有限公司在北京发布了《2010 年国家信用风险报告》，该报告依据不同于现行国际信用评级体系的国家信用评级标准，对 50 个国内生产总值合计占世界经济总量 90% 的国家信用等级进行了评估。这是中国也是世界第一个非西方国家评级机构第一次向全球发布的国家主权信用风险信息。

智库与学者是境外安全风险评估中逐渐兴起值得重视的另一股力量。例如，新华网在针对 2005 年海外安全事件频发的现实，在当年年底制作了《2005 中国公民海外安全报告》。《南方周末》在 2005 年年底刊发了《2005，中国人海外安全报告》，此报道引起了有关政府部门、机构和企业的关注。自此，《南方周末》联合外交部领事司每年连续推出《中国人海外安全报告》。中国社会科学院《全球政治与安全报告》近几年也对当年的境外安全风险进行评估与点评。以直接服务于"走出去"的中国企业为目的，中国社科院世界经济与政治研究所于 2013年发布了《中国海外投资国家投资评级》，2014 年发布了《中国海外投资国家风险评级报告》，此后基本每年进行类似评估。《中国海外投资国家风险评级报告》（2020）认为，发达经济体的经济基础较好，政治风险较低，社会弹性较高，偿债能力较强，整体投资风险低于新兴经济体。从"一带一路"沿线国家风险评级结果来看，"一带一路"沿线国家平均风险水平低于整体水平，中等风险国家居多。

2016 年开始年度发布的《国际安全态势感知指数》（IISSA）是国际关系学院《国际安全研究》杂志、对外经济贸易大学国际关系学院和大数据国际关系研究中心联合发布的国内首份对国际安全问题进行量化评估的大数据评级指数。"国际安全态势感知指数"研究结合相关指标，对全球近两百个国家近二十年来的安全态势进行了定量分析，是大数据同国际关系研究相结合的一次有意义的尝试，也为国际安全研究开辟了一条崭新的道路。该项研究将一些因素（如武装部队人数、军费支出和去往一个国家的旅游人数等）视为安全的先行指标，这些指标的变化反映一个国家的安全态势的变化。因此，通过衡量这些指标就可以观察出不同国家的安全态势①。相比其他评估成果，该指数使用了大数据分析方法，获取信息数量更庞大，具有较大参考价值。

与智库关注宏观风险评级不同，关注境外投资的学者更多地偏向于对境外安全风险的具体分析。例如，有学者基于 Fuzzy-AHP 模型对企业境外投资税收风险进行了量化评估。评估结果显示：企业境外投资税收风险总体较高，而政治法律环境指标数值依次高于其他指标数值；企业在"一带一路"沿线投资时，政治法律环境、经济发展状况、税制差异和税收管理风险程度将决定税收风险的高低②。这类学者的理论研究或案例分析虽然并不能涵盖境外风险的全部类别，却更具针对性。

（三）风险评估指标逐步完善

世界银行多边投资担保机构每年公布的《政治风险评估报告》主要关注的政治风险有敌对的管理变化、合同违约、汇兑限制、民众骚乱、不履行财务责任、征用、恐怖主义、战争等。虽然境外中资企业与

---

① 赵洋，戴长征. 国际安全态势分析（2010—2015）［J］. 国际安全研究，2016（06）：107-123.

② 李香菊，王雄飞. "一带一路"战略下企业境外投资税收风险评估——基于 Fuzzy-AHP 模型［J］. 税务研究，2017（02）：9-13.

公民也面临这些风险，但作为正在崛起的且属于社会主义性质的发展中大国的中国所面临的政治风险显然具有一定的独特性。因而，对中国而言，对于千差万别又瞬息万变的境外政治风险如何进行类型化一直是风险评估的难题。

商务部在 2010 年印发的《对外投资合作境外安全风险预警和信息通报制度》文件中，将境外安全风险分为政治风险、经济风险、政策风险、自然风险和其他风险五类。而在 2012 年编写的《境外中资企业机构和人员安全管理指南》中，商务部进一步将境外安全风险细化为政治风险、经济风险、自然灾害风险、医疗卫生风险、恐怖活动风险、社会治安风险和其他风险七类。新增加的医疗卫生风险、恐怖活动风险、社会治安风险更加凸显了境外中资企业面临的具体风险形式。中国出口信用保险公司每年推出的《国家风险分析报告》则将境外安全风险分为政治风险、经济贸易风险、商业及投资环境风险、法律风险四类，对商业与法律风险的强调凸显了企业的视角。中国社科院世界经济与政治研究所发布的《中国海外投资国家风险评级报告》（以下简称《报告》）（2020）从中国企业和主权财富的海外投资视角出发，构建了经济基础、偿债能力、社会弹性、政治风险和对华关系五大指标，共42 个子指标，涵盖 114 个国家和地区，量化评估中国企业海外投资面临的主要风险。与往年相比，2020 年的《报告》新增汇率波动性指标，增加 57 个样本国家，采用缩尾处理方法规范异常值处理流程。可见，不同主体虽然关注的风险类别有所不同，但均大同小异，对中国境外安全风险评估指标的内容基本上形成了以政治、经济、社会、法律风险为主，其他风险为补充的风险指标体系。风险指标体系认识的统一化为更精确的风险评估奠定了基础。

（四）风险评估分级逐步完善

在明确风险元素的基础上，对风险进行量化处理是风险评估的关键工作。只有量化的风险分级才具有更大的现实指导价值。在早期的风险评估中，中国相关评估往往偏向定性评估，而较少进行定量评估。基于为企业服务的目的，中国出口信用保险公司推出的"国家风险参考评级"共分为 9 个级别，分别标识为 1、2、3、4、5、6、7、8 和 9 级，风险水平依次增高。该公司还对未来风险进行了预测，其"国家风险展望"分为"正面""稳定""负面"三个层面，以反映未来一年内一个国家风险变化趋势。安邦咨询公司通过对各国政治局势、治安状况、法制环境等政治主导因素进行跟踪研究，运用量化模型对各国风险给出了"非常稳定""稳定""正常""预警""风险"和"危险"6 个评级结果，并给出了相应策略和建议。"国际安全态势感知指数"则将国家安全程度的整体态势按照由"不安全"到"安全"的序列化分为 5 个衡量等级，分别为：战争（赋值 2）、冲突（赋值 1）、动荡（赋值 0）、相对安全（赋值-1）、高度安全（赋值-2）。这些评估分级强化了境外风险的威胁程度，对于企业经营具有较大的应用参考价值。

（五）风险控制体系基本形成

在明确风险元素及其量化程度之后，如何预防控制风险就成为风险评估最为重要的工作。为完善境外安全风险控制体系，指导企业加强境外安全风险防范，商务部于 2010 年 8 月 27 日印发了《对外投资合作境外安全风险预警和信息通报制度》，该制度不仅对境外安全风险种类进行了分类，还对境外安全预警和信息通报制度做出了规定，形成了较为完善的境外安全风险预警和信息通报制度体系。该文件对风险预警主体、预警内容、信息通报内容与形式以及保密责任进行了规定。2012年1月11日商务部组织编写的《境外中资企业机构和人员安全管理指南》以PDCA循环理论对"企业安全管理战略""风险管理""安全管理措施""安全管理培训""安全审查、审核与验证"和"突发事件应急管理"做出了细致的规定，已经成为境外中资企业安全管理范本。可以说，针对境外风险的事前预警、事发处置与善后管理的风险控制体系已经基本形成。

可见，中国已制定了《海外安全风险评估和防范预警机制实施方案（暂行）》，基本形成了一个以商务部、外交部为主，涉外企事业、社会组织和智库积极参与的境外风险评估机制，他们发布的成果对于"走出去"的中国企业与公民来说具有重要的参考价值，境外政治风险评估机制初步形成。

（六）风险保障效力逐渐显现

当企业在境外遭遇实际的政治风险之后，如何保障企业资产得到切实保障，是企业"走出去"面临的巨大挑战。国际经验表明，通过借用国家力量，通过企业投保将政治风险分担给受到国家政策、资金支持的专业保险机构是最为经济有效的方法。几乎所有发达国家有旨在保护本国企业在海外投资安全的保险机构。在美国，承担投资保险和担保的是海外私人投资公司（OPIC）。为了支持企业"走出去"，伴随中国加入WTO成立的中国出口信用保险公司于2001年12月18日正式成立。截至2019年11月，中国信保自成立18年来累计支持的国内外贸易和投资规模超过4.5万亿美元，为超过16万家企业提供了信用保险及相关服务，累计向企业支付赔款近140亿美元，累计带动200多家银行为出口企业融资超过3.5万亿元，为我国外贸高质量发展提供了有力支撑，彰显了政策性金融机构的责任担当。尽管利比亚危机揭示了中国境外投资保险保障还存在巨大不足，但中国信保业务量的巨大增长亦充分说明中国境外投资风险保障已经初具规模，为境外投资提供了最基本的安全信心和资产安全保障。

四、不足与对策

鉴于"走出去"战略才实施二十多年，许多企业更是刚刚踏出国门，境外风险评估体系建设起步较晚、重视不够、投入较少，仍然处在初步阶段，尚存在诸多问题与困境。自 21 世纪以来，日益频繁、日益庞大的海外撤侨行动和境外安保事件说明，中国海外风险评估机制还有待加强。虽然那些由自然灾难、内战、社会骚乱等造成的境外风险并不在中国控制范围内，但如果有更为全面、权威、准确、及时的风险评估机制，就可以提前减少或停止投资，避免不必要的损失。以利比亚撤侨事件为例，虽然商务部在 2011 年 8 月表示中国在利比亚的损失尚无确切统计，但其损失显然是巨大的。2011 年，商务部部长陈德铭曾在两会期间透露，我国有 75 家企业在利比亚投资，共涉及 50 多个项目的工程承包，总金额约 188 亿美元。中国海陆空内外联动动用的资源更是一笔庞大的开支。如果再算上其他无形的投资损失，利比亚大撤侨行动的财产损失显然是巨大的。但是，在大撤侨行动之前的各种风险评估中，利比亚并没有被列为高风险国家。按照中国出口信用担保公司 2010 年 12 月 14 日发布的《国家风险分析报告》，利比亚在 2010 年仅仅被列为 9 级中的 7 级，该《报告》虽然认为，在非洲地区，阿尔及利亚、安哥拉、埃塞俄比亚、尼日利亚、科特迪瓦、几内亚、刚果（金）、苏丹、津巴布韦等国的国家风险值得关注，但即将发生大动荡的利比亚没有受到应有的关注。据三元公司三元村党总支书记徐君才回忆，2007 年他去考察投资环境时,利比亚治安还很好,局势稳定,是一个投资的好地方。在外交部内部编写的《海外安全风险评估报告》中也未将利比亚列为高风险国家。而且纵观国内各种评估报告,不同评估虽然略有不同,但基本过于笼统和宏观,对风险信息的分级还比较模糊和随意。在风险信息上,从外交部、商务部与驻外使领馆或者其他涉外机构或法人获取的信息往往不一致、不同步,甚至相互矛盾。这说明当前中国境外政治风险评估体制还相对粗糙与落后,存在诸多不足,亟须改进。

(一)评估权威性尚需提高

境外安全风险评估既涉及微观层面的风险,更涉及宏观层面的风险;既涉及商业风险,更涉及政治风险。在当前从政府到企业各个评估主体中,尚缺乏一个能够整合不同评估主体的统一评估机构。虽然商务部在境外安全风险评估中起步较早,但主要服务对象集中在企业;涉外企业与智库组织虽然投入了相当大的精力,但评估偏重短期性安全信息,缺乏长远与战略视角。自21世纪以来,外交部对境外风险评估的重视在增加了评估战略性、长远性的同时,凸显了与商务部的业务竞争。"百家争鸣"的评估局面导致当前各种境外安全风险评估存在层次不高、单兵作战、协调和组织能力不足、执行力不强等问题。境外安全风险的多样性、复杂性决定了单一主体的风险评估必然不具权威性与准确性,各个不同机构基于自身业务和政策目的的不同就风险评估的标准和目的更有不同侧重,导致风险评估结果不一致,进而降低了自身风险评估结果的可信性。为此,一个更全面、权威、统一、准确的境外风险评估结果要求中国必须动员各方面力量加强海外安全风险的评估工作。作为一个统摄国家安全的决策咨询机构,国家安全委员会已于2014年开始运作。中国应该利用国家安全委员会的权威地位,积极将海外风险评估纳入日常工作，以国家安全委员会为依托，以外交部为业务指导，成立由国家发改委、商务部、国家旅游局、教育部等涉外政府部门和广大涉外企事业单位等多个部门以及国际问题专家和行业组织参加的"境外安全风险评估委员会"，对全球中国主要投资目的地进行权威的安全评估，以提高安全风险评估的权威性与准确性，真正做到习近平主席"及时预警、定期评估"的要求。

（二）评估方法尚需改进

造成风险评估结果偏差的原因不仅在于评估机构的单一性与境外风险的复杂性，也在于当前评估方法的随意性与主观性。风险评估作为一种基于当前或历史信息对未来安全趋势的预测，风险评估指标体系影响因素的不同选择及其权重大小的赋值均将对评估结果产生重大影响。在当前中国境外风险评估实践中，不同评估主体选择的指标体系差别较大且多数属于定性评估。这种主观性较强的风险评估不仅造成评估结果"打架"，更增加了评估结果的模糊性，从而偏离现实。在当前境外风险评估中，虽然一些机构开始采取风险分级的方法以更加准确地反映风险的严重性程度，但高度量化的统计方法并未得到应用，对各国风险程度的衡量仍然带有较大的主观性与随意性。安全风险评估虽然不能完全预测每一个安全事件的发生，但基于大数据的定量分析显然能够增强评估结果的可信性与准确性。金融投资、自然灾害预测、工程项目管理等领域的量化风险评估较多，通过建立风险评估指标体系，采用层次分析法（AHP）、多极模糊综合评判法或特定的理论模型等对风险的影响因素逐层进行量化评估。为了增强评估结果的准确性，境外安全风险评估应该借鉴这些量化评估方法。

（三）评估经费尚需保障

境外安全风险评估是一项需要整合不同层级、不同领域安全信息的庞大工程，既需要大量在一线的安全专家、驻外使领馆、企事业员工提供第一手安全信息资料，又需要大量幕后的安全信息分析与国际问题研究专家进行信息加工处理，必将耗费大量人财物资源。在"走出去"战略实施的初期，大多数企业甚至政府部门关注的主要是经济利润或统计数据，对风险评估尚不重视，经费投入少之又少。如何在制度上保障足够的风险评估经费是当前中国境外风险评估的难题。由于风险评估结果具有较大的公共产品性质，基于中国的国情，中国可以考虑建立由中央或地方政府承担主要财政责任、企事业单位承担相应财政责任的经费共担机制。

（四）评估立法尚需跟进

随着"走出去"战略的全面、深入实施，境外安全风险将成为境外中资企业与人员的常规常见风险。如何确保境外安全信息的有效收集整理、如何对境外安全风险进行应急处理、如何对境外人财物损失进行索赔、如何保障境外安保费用等均需要相关法律法规予以规定，以做到有法可依、有规可循。在中国对海外利益保护方面整体上缺乏国内相关立法保护的大背景下，境外安全风险评估更多地仍然停留在相关法规、文件的抽象论述中，在境外风险评估的责任主体、风险识别、风险评估等方面均无具体表述。虽然中国并不需要就境外安全风险评估单独立法，但应该在制定《境外中资机构与个人安全防范实施办法》类似法律法规中单独对境外安全风险评估予以规定。

（五）投资保障尚需强化

为了积极促进境外投资服务于中国外交布局和国内经济发展需要，高风险地区或国家的投资尤其需要保险机构的担保。然而，从当前中国信保承保业务对象看，至少存在承保范围小、集中于大型国企、承保门槛高等不足。这种承保现实不仅忽视了民营企业在中国境外投资日益壮大的现实，而且大量降低了境外投资的承保额，降低了中小企业境外投资的积极性。为此，国家必须制定政策引导保险公司积极为中小型企业承保，并不断扩大承保范围，最终将那些符合国家"走出去"和"一带一路"倡议的各种企业境外投资都承保下来，以真正服务于国家外交和国内经济发展的需要。

第三节　海外员工安全管理机制

企业员工是指中国境内企业在境外设立的中资企业或机构雇用的国内人员、当地员工及其他国家员工。国内人员显然是海外中国公民的重要组成部分，而当地员工及其他国家员工虽然不属于中国公民，但若管理不善，必然会危害中国公民及其企业的生命财产安全。据中国外交部领事司的大致统计，所有的领保案件（一年约三万起）中，大概有一半是由于中方人员的不当行为引起的[①]。因此，加强海外企业员工的安全管理，搞好企业与当地社会的关系，是保障海外公民安全的基础性工作。

---

① 沈国放，魏苇，刘民强，等．企业和个人，海外遇事怎么办［J］．世界知识，2008（17）：20-27.

一、现状与成就

随着中国"走出去"战略的深入实施和"一带一路"倡议的不断深化，境外中资企业、机构与人员迅速增多，地域分布日趋广泛，政府部门加强对企业员工安全管理制度的指导和监督就成为海外中国公民保护的重要工作。为此，商务部、外交部和国资委根据《国家涉外突发事件应急预案》等相关规定，于2005年9月28日印发了《商务部等部门关于加强境外中资企业机构与人员安全保护工作意见的通知》，要求企业树立全面的安全观和发展观、强化安全意识、建立安全风险预警机制、建立和完善内部安全防范与应急处置机制、加强部门间的协作配合等。2010年8月13日，商务部、外交部、发改委、公安部、国资委、安全监管总局和全国工商联7个部门联合印发了《境外中资企业机构和人员安全管理规定》。2011年3月25日，商务部、外交部、国资委和全国工商联又联合印发了《境外中资企业（机构）员工管理指引》，其中明确要求企业要坚持属地化经营、规范用工、出国培训（语言与风俗）、合法入境、避免歧视、慎重裁员等相关规定。2011年外交部还推出了《中国企业海外安全风险防范指南》，其中明确要求企业应该加强员工管理，要制定派出人员行为守则，规范驻外人员行为方式，引导和督促员工树立良好文明形象，遵守当地法律法规，尊重当地风俗习惯；要严格执行高危国家和地区安全规定，员工外出必须经项目领导批准，并由专业安保人员或军警护送，严禁私自外出。要建立外派员工紧急联络信息库，包括员工国内亲属的姓名、关系、联系方式等。2018年公布的《中华人民共和国领事保护与协助工作条例（草案）》（征求意见稿）第29条明确规定，在外国的中国法人和非法人组织，应当根据所在国的安全状况，配备专门的安全管理机构和人员。基于这些政府规章，一些大型国企也逐渐形成了自己的安全管理体系。中石化集团公司在这方面具有一定代表性。中石化下发了《中石化重特大事件应急预案》《集团公司境外公共安全管理办法》《集团公司外派人员人身意外保险管理办法》等文件。2021 年 11 月 19 日，国家主席习近平在第三次"一带一路"建设座谈会上指出："要落实风险防控制度，压紧压实企业主体责任和主管部门管理责任。"① 最高领导人的指示、政府部门的要求，加上越来越多的中资企业的自觉努力，逐渐形成了境外中国公民安全防护的防火墙。

二、不足与对策

中国很早就意识到员工安全管理对减少境外安全事件的作用，不仅政府部门加强了相关管理规章的制定和发布工作，而且一些大型国有企业也积极制定了相关细化文件。但这并没有有效地减少相关安全问题的发生，这是为什么呢？中国应该如何加以改进呢？

第一，强化安全管理相关规章的执行力。可以说，员工安全管理规定已经相当完善、细致，其存在的问题主要是相关企业基于短期成本考虑对相关规章不够重视，执行不力。因此，不折不扣地执行好现有规章就能够有效地减少不必要安全事件的发生，尤其要督促中小企业加强员工安全管理规章的执行。

第二，企业应该转变经营理念，规范管理。不签劳动合同、随意解聘、压低或不按时支付工资等现象在境外一些企业中较为常见，如果应

---

① 新华网. 习近平在第三次"一带一路"建设座谈会上强调 以高标准可持续惠民生为目标 继续推动共建"一带一路"高质量发展 韩正主持［EB/OL］. （2021-11-19）［2021-11-19］. http://www.news.cn/politics/leaders/2021/11/19/c_1128081486.htm.

用到外国员工身上，由于文化观念、权利意识的不同，往往会引发矛盾，恶化中国企业与当地社区的关系，进而导致安全事件，危害企业及其员工的生命财产安全。因此，企业必须坚决纠正"赚钱归自己，出事找国家"的短视观念，坚持"发展是根本、安全是保障"的科学经营观，树立长期经营、规范发展的理念，如此才能"进得去""立得稳"。

第三，隔离式管理应是短期措施，积极引导中国员工融入当地社会才是长久之道。由于种种原因，现行员工安全管理思路就是画地为牢以试图减少中外员工（尤其是第一线员工）以及中国员工与当地居民的接触，从而减少、杜绝安全事件的发生。这种隔离式管理事实上运用的是"堵"而不是"疏"的办法，虽然在短期内能够见效，但并非长久之道。长久之道应该是积极引导中国员工、中国企业融入当地社会，这就要求企业了解、尊重当地习俗，加强与当地社会的跨文化沟通交流，注重做好企业公共外交工作，提高外籍员工忠诚度，建立信任感，使当地社会切实感受到中国企业投资经营为当地带来的"红利"，使其自发自愿成为中国企业在当地的"安全信息通报员"和"保护者"。

第四节　海外公民信息登记机制

各国实施领事保护政策的一个重大难题是难以获得在海外生活或旅行的公民的准确数字①。在历次海外撤侨行动和领事保护案件中，不能及时、准确掌握当地中国人信息也是中国领事保护中面临的信息障碍。

---

① 杜懋之. 海外公民保护与欧中安全合作［J］. 国际政治研究，2013（02）：36-42.

例如，在 2006 年的黎巴嫩撤侨行动中，外交部领事司"估计三批差不多了，但不知道从什么地方就冒出了第四批、第五批、第六批。使馆说多少年都不知道有这么一批人，最后炮打得太急了，实在待不下去了，这些人才自己冒头了。如果不是撤侨，大概这些人永远都会潜在水下吧"①。这说明，掌握准确境外中国公民信息对于领事保护至关重要。只有在掌握准确权威境外中国公民信息之后，才能制订出周密的撤侨计划。

一、现状与成就

在总结历次撤侨工作的基础上，为全面掌握和及时跟踪我国对外投资合作企业在外人员相关信息，积极预防和妥善处置境外突发事件，做好海外中国公民的安全权益保护工作，2010 年 10 月 22 日商务部、外交部联合制定并公布了《对外投资合作企业在外人员相关信息备案制度》，其中《对外投资合作企业在外人员相关信息备案表》要求海外企业如实登记员工的性别、户籍所在地、护照号、签证类型、工作地点、工作期限、国内联系人、电话/传真等。另外，中国所有驻外领事馆实行中国公民自愿登记制度。值得一提的是，2013 年改版的中国领事服务网开通了"出国及海外中国公民自愿登记"在线系统，在当事人自愿的前提下，了解出国人员的海外行程和联系方式，以便及时发送安全提醒信息，并在关键时刻找得到人、帮得上忙。这种在线自愿登记系统的开通必将降低海外中国公民自愿登记成本，提高自愿登记率。中国商务部出台的《境外投资管理办法》自 2014 年 10 月 6 日起施行，其第二

---

① 沈国放，魏苇，刘民强，等 . 企业和个人，海外遇事怎么办 [J] . 世界知识，2008 （17）：23.

十二条规定："企业应当落实人员和财产安全防范措施，建立突发事件预警机制和应急预案。在境外发生突发事件时，企业应当在驻外使（领）馆和国内有关主管部门的指导下，及时、妥善处理。企业应当做好外派人员的选审与行前安全、纪律教育和应急培训工作，加强对外派人员的管理，依法办理当地合法居留和工作许可。"第二十三条规定："企业应当要求其投资的境外企业中方负责人当面或以信函、传真、电子邮件等方式及时向驻外使（领）馆（经商处室）报到登记。"由此可见，中国领事服务网创建的"公民登记"栏目，从一定程度上讲，促进了"个人的自愿登记机制"到"企业的法定登记制度"的转化，这有助于外交部门及时准确地掌握海外公民的数量和分布，这将为后续的领事保护和撤侨工作提供更具针对性的信息并做出更周密详尽的安排。

二、不足与对策

（一）不足

1. 自愿登记制度无法保障全面掌握境外中国公民相关信息

虽然利比亚大撤侨行动彰显了中国政府的强大，但亦凸显了中国掌握本国境外公民信息的严重缺陷。在利比亚撤侨行动前，只有 6000 名中国人在外交部官方登记，这一数字不到实际数字的20%。另外，在很多中国侨民人数近 10 万人的国家，如安哥拉和赞比亚，当地中国使馆对很多侨民的行踪仍然缺乏全面的信息[1]。由于中国实行的是公民自愿登记制度，限于宣传面的狭小，很多即将或已经出国的中国公民并不知道这一系统的存在，有的中国公民虽然知道这一自愿登记制度，却不愿

---

① 杜懋之.海外公民保护与欧中安全合作［J］.国际政治研究，2013（02）：36-42.

主动进行登记，这就导致中国驻外使领馆仍然不能及时准确地掌握所辖地域中国公民的具体情况，无法及时取得联系。

2. 信息获取渠道相对单一

虽然"出国及海外中国公民自愿登记"在线系统在理想的情况下，能够保障中国驻外使领馆获得境外中国公民权威、准确、全面的信息。但一则不是所有境外中国公民会自愿登记；二则境外中国公民信息可能会随时变化；三则这种依靠现代通信技术的信息系统存在极大脆弱性。因此，单纯依靠这一自愿登记制度仍然无法保障信息获取机制的畅通。中国应该在积极开发利用现代信息技术的同时，积极借助和发挥传统信息渠道的优势，以拓宽信息获取渠道。

（二）对策

针对上述不足，中国在海外公民信息获取机制上可以相应予以强化。

1. 研究制定境外中国公民强制信息登记制度的法律法规，尝试实行强制性的信息登记制度

在紧急事件发生时，强制性的企业在外人员信息备案制度解决了海外中国公民最庞大群体的信息问题，但是，这一具有一定强制性的信息登记制度主要涉及的是海外中国企业，并没有完全涵盖海外中国公民的境外安全信息。为此，中国似乎可以考虑将这一企业信息登记制度涵盖所有境外中国公民，实行全民强制信息登记制度。

2. 充分利用、发挥老乡会、同学会等公民自愿组织的信息获取优势

中国人有注重乡情同窗的传统，有中国人的地方就有各种各样的老乡会、同学会等自愿组织。虽然这些组织通常没有固定的组织形式，但

相互联系往往紧密，信息沟通极为畅通。中国驻外使领馆应该积极开发利用这些带有中国特色的社会组织资源。

3. 充分利用同业商会等非政府组织的信息获取优势

与老乡会、同学会相比，更为现代化的同业商会或特定的非政府组织具有更为正式的组织制度，由于其具有专业化的团队与操作程序，在获取境外公民信息上也具有不可替代的优势。例如，在 2010 年中国从吉尔吉斯斯坦撤侨行动中，由于许多中国公民是小商贩而不是国企员工，导致大多数中国公民没有在中国使馆登记信息，使得中国使馆很难掌握准确撤侨人数。此时，中国外交部主要依靠在吉华人民族联合商会和中企协会南方分会，这些机构在联系当地中国公民和使馆工作组方面起到了十分重要的作用。他们联系中国公民，登记希望撤离的公民的信息，并把这些信息提供给中国使馆①。

4. 实行安全信息汇总与点对点服务制度

在通过各种途径获取海外公民信息之后，驻地领事馆应该汇总、整理所有当地中国公民信息以保障信息的统一与权威。在获取每个公民信息之后，驻地领事馆应该以手机短信、邮件等方式给每一位境外中国公民发送具体的安全预警和领事提醒等信息，以保障每一位公民获得安全信息。

第五节　海外政治风险预警机制

与宣传教育机制侧重普及性、长效性和一般性安全教育信息提供不同，预警机制侧重特殊性、即时性和针对性安全信息提供。与风险评估

---

① 新浪网. 吉尔吉斯两家华商店铺被抢损失超百万 [EB/OL]. (2010-06-14) [2020-03-29]. http：//news. sina. com. cn/c/2010-06-14/131420475956. shtml.

机制侧重一般性、常态性风险评估不同，预警机制是海外安全主管部门和相关机构以提示、劝告、警示的方式发布的短期安全信息。及时准确的预警完全可以减少领保案件的发生概率并降低损失。因此，预警机制对于领保案件的预防与应急处理极为重要。

一、现状与成就

作为海外公民保护体系中预防机制建设的重要内容，中国外交部自2000年起即开始通过网站和各种媒体发布"出国特别提醒"。出国特别提醒，面向出国或即将出国的中国公民和海外侨民，对发生在国外的可能关系到中国人安全与权益的社会动乱、恐怖袭击、刑事案件、交通事故、劳务纠纷、经济利益冲突等各类风险进行事先预警和事后提醒。从目前在外交部网站上检索的资料情况看，自2003年之后，出国特别提醒的发布逐渐正规化、常态化。2011年11月22日为了提供更多更及时的安全信息，外交部开通了中国领事服务网，试图优化整合国内相关领事资源以及中国驻外机构掌握的驻在国和地区情况及重要信息，为出境中国公民和机构提供"一站式"海外安全信息预警和领事服务。中国领事服务网上及时更新的"安全提醒"信息为出国人员及时了解当地的安全状况提供了最权威的信息，已成为我国防范预警机制的重要组成部分，对降低我国公民和机构在国外遇险概率起到了重要的作用。另外，随着现代通信技术的发展，为了更加及时更加灵活地通报涉外相关信息，中国外交部推出了很多及时通信服务项目。2011年4月13日10时45分在新浪网开通了"外交小灵通"微博，并随后在人民网、腾讯网开通同名账号，其提供的涉外安全信息十分丰富、及时。2011年11月，在开通中国领事服务网的同时，外交部推出了向中国出境公民发送安全提醒短信的公益服务，当时的覆盖范围就已多达181个国家。2013

年 5 月 7 日中国外交部还开通了"外交小灵通"微信公众号,这是首个正式上线的中央部委政务微信公众号。"外交小灵通"政务微信将充分利用微信公众平台的发布功能,以丰富的多媒体形式、亲切的语言打造"外交动态""外交知识""外交史上的今天""外交礼仪""领事服务""出境提醒"等精品栏目内容,发布权威外交信息,同时了解公众需求,收集公众意见,逐步建立与微友互动的有效机制。微博、微信这种即时互动平台的开通,为涉外安全知识、信息的及时、准确、对点传播起到了很大的帮助作用。

除了外交部的安全信息服务外,作为服务于涉外企业的主管部门——商务部也在安全信息预警方面做出了相当大的努力。2010 年 8 月 26 日,商务部印发了《商务部对外投资合作境外安全风险预警和信息通报制度》,制度明确了境外安全风险的种类,规定了境外安全风险预警和信息通报的程序、内容和形式,并对各驻外经商机构、各地商务主管部门和有关商(协)会做好风险预警和信息通报工作提出了具体要求。另外商务部官网在"信息公开"栏目下专设了"预警提示"栏目,对境外安全风险进行预警提示。为了更好地服务"走出去"企业,商务部还专门开设了"走出去"服务网,"预警提示""国别(地区)环境""政策法规"这些栏目都能对海外中国公民提供重要安全知识和信息。商务部下属对外投资和经济合作司开通的"中国对外投资和经济合作网"同样提供了包括"特别提醒""国别环境""权益保护"等安全知识和信息。

教育部建立的教育涉外监管信息网是中华人民共和国教育部发布各类教育涉外活动监督与管理信息的专门网站,由中华人民共和国教育部国际合作与交流司主管。其不定期发布的"留学预警"成为出国留学的重要风险参考。

同时，为了加强信息的共享与合作，更加有效地保护海外中国公民，国家各部委、各国家机关通力合作，建立了联合预警机制。如2005年，由商务部合作司、农业部渔业局、外交部领事司和交通部海事局共同组成的远洋渔业合作管理协调小组启动联合预警机制，发布远洋渔业方面的预警通报。

可见，随着海外中国公民的激增，外交部、商务部、教育部等部门正试图通过各种途径加强安全信息供给，及时准确地将境外安全威胁告知同胞以尽量减少、免除安全威胁，一个较为完整的安全预警机制正在形成。

二、不足与对策建议

伴随海外安全事件的频发和海外安全观念的强化，外交部、商务部、教育部和国家旅游局等相关涉外部门充分利用各种现代技术已经完全能够在第一时间就各种安全信息进行预警，并及时传递到每一个海外公民的手中，但是预警信息质量与效果仍有待提高，全天候预警评估综合服务平台尚未完全到位。但我们仍然可以说，预警机制是预防性领事保护机制中最为完善的一环。即使这样，一些走出国门的中国公民仍然对此重视不够，以致后悔莫及。针对中国海外预警机制上述运行现状，我们可以采取如下措施予以强化。

1. 提高信息质量，增强信息的针对性、可操作性

打开相关安全信息网页，我们发现相关安全信息不是太少了而是太多了，有点目不暇接。但仔细阅读相关内容，相关安全信息似乎又"似有实无"。比如，中国领事服务网在2013年8月2—8日共发布了五条安全预警信息，分别是"提醒赴泰南的中国游客乘坐快艇出海时注意安全""再次提醒在尼日利亚岛中国公民循正规渠道办理工作签证"

"提醒赴韩国济州中国公民注意防暑降温、预防突发疾病""提醒赴美中国公民注意交通安全""提醒中国公民勿赴菲律宾非法采矿"。除了最后一条具有实质性意义外,其他四条似乎很少会引人注意,因为看到这些信息的人们顶多会将这视为一种惯常性善意提示,就好比当儿子出门的时候妈妈的口头禅"注意安全"一样。尽管这种惯常性提示十分必要,但毕竟价值不是太大,为此,领事提醒事项应该考虑将安全信息具体化、对策化,使其更有针对性、可操作性,因为只有高质量的安全信息才会更容易引起人们的重视并具有实质意义。

2. 积极引导社会组织参与境外安全信息供给与安全建议,保障安全信息、安全建议更加具体实用

在英美发达国家安全信息的供给中,海外社会组织发挥着重要作用,如英国的民间组织就尤其注意帮助人们解决心理问题。例如,成立于1986年的Suzy Lamplugh Trust组织就致力于降低个人的安全风险,他们出版了一本关于在国外安全旅行注意事项的手册,网站提供关于在国外安全旅行的录像和各种免费安全技巧,还每年以不同主题开展"个人安全日"以提高个人的安全意识。美国国务院向公民建议,了解一个国家最好的方法就是向曾住在该国的人打听情况。如果某个国家有大量的美国人住在那儿,肯定有美国商会或联系两种文化的组织和俱乐部,这些组织都是获取信息的来源。如果在该国居住的美国人比较少,可以通过当地的国际俱乐部了解情况。美国大使馆的领事部或领事馆可以协助美国公民与这些组织取得联系[1]。可见,活跃的社会组织可以弥补政府安全信息的不足,在保障安全信息多样性的同时能够让安全信息、安全建议更加具体和实用,而且可以降低政府安全成本。因此,中

---

① 夏莉萍. 美英领事保护预警机制的特点及对我国的启示 [J]. 外交评论,2006 (01):70-75.

国政府应该积极培育社会组织参与国际事务，在融入东道国的同时积极为海外中国人提供具体实用的安全信息和安全建议。

3. 充分利用大数据技术，在坚持信息供给多样化端口的同时，打造一个全天候预警评估综合服务平台，实现预警信息情报动态共享

对于像中石油、中石化、中交等"走出去"比较早且拥有较为发达的全球网点的大型央企，它们之间在一定程度上已经建立了某种针对东道国的安全信息共享机制。由于央企的政治特殊性，它们往往能够及时从东道国高层中获取一些特殊信息，这些信息可以使得央企能够及时对当地的某些安全形势做出预判。但海外中国普通公民和其他中资企业没有渠道与这些大型央企实现情报共享，甚至央企与大使馆之间的信息沟通也并不顺畅。虽然中国领事服务网试图提供"一站式"安全信息服务，但其主要信息渠道仍然局限于外交渠道，并没有包括诸多由商务部、教育部、国家旅游局等其他涉外部门、企事业单位提供的部门或行业安全信息，更不能涵盖诸多海外公民个体以及社交媒体上提供的动态安全信息。这表明，外交部与相关部委和企事业单位以及公民个体应该加强信息的沟通、协调与共享，在保持原有多样化信息供给端口的同时，应该打造全天候预警评估综合服务平台，以提升安全预警信息的及时性、全面性、动态性和共享性。对此，相关部门应该大胆大力充分利用大数据技术，实现安全预警信息的深度挖掘、分析和动态共享。

第三章

应急性领事保护机制评估

　　虽然事前预防是最好的保护，但预防不是万能的，偶然或突发事件总是伴随人类而存在。例如，2020 年新冠肺炎疫情突然而至，中共中央政治局常务委员会 2020 年 2 月 3 日会议强调："这次疫情是对我国治理体系和能力的一次大考，我们一定要总结经验、吸取教训。要针对这次疫情应对中暴露出来的短板和不足，健全国家应急管理体系，提高处理急难险重任务能力。"① 中国庞大的海外公民规模和海外投资总量决定了我国海外安全事件的易发性、高发性和突发性。因此，中国领事保护必须加强应急管理体系建设，推进预防管理体系的现代化与法制化。据统计，仅 2018 年，外交部就会同各有关部门妥善处置领事保护和协助案件超过8 万起，其中包括泰国普吉岛游船倾覆、中国游客遭瑞典警方粗暴对待、印尼龙目岛地震和美国塞班岛遭台风袭击致中国游客滞留等重大案件。随着中国综合实力的日益增强，新时代的中国领事保护与协助工作不断推进。外交部持续构建由"法律支撑、机制建设、风险评估、安全预警、预防宣传和应急处置"6 个方面组成的领事保护工作体系，在维护海外中国公民和机构安全及权益、维护国家海外利益等方面发挥了重要作用②。

---

① 人民网. 习近平主持中央政治局常委会会议部署疫情防控工作［EB/OL］.（2020-02-03）［2020-04-06］. http：//yuqing. people. com. cn/n1/2020/0203/c209043-31569266. html.

② 人民网. 外交部持续构建领事保护工作体系［EB/OL］.（2019-03-09）［2020-03-18］. http：//world. people. com. cn/n1/2019/0309/c1002-30966092. html.

其中，事发应急处理机制建设是实现海外安全保护的重中之重，是领事保护机制建设的关键一环。外交部领事司司长罗田广在 2004 年接受采访时说，启动应急机制的前提是"首先分析判断事件的性质、类型及影响，如涉及我国公民或法人重大人员伤亡或财产损失，即启动应急机制。应急机制的主要内容：组成应急小组，制订工作计划；确定联络方案，保障信息畅通；开设热线电话，收集各方资讯；协调国内外有关单位共同展开工作"①。应急机制启动后，外交部要迅速地将案情上报中央，同时进一步和使馆保持联系，及时掌握最新情况，并把信息尽快传达给派出单位的主管部门。2018 年公布的《中华人民共和国领事保护与协助工作条例（草案）》也重点对不同情况下驻外机构应该如何应急处置进行了较为全面的规定。根据笔者的总结，应急性领事保护机制具体包括应急预案建设、应急机制的法律法规建设、应急机制的领导协调机构建设、应急机制的实施机构建设、国际磋商协调机制建设等。

第一节 应急预案建设

应急预案建设是公共危机事件处理的前期准备和应急处理的基本指南，没有应急预案的应急处理必将是盲目的、混乱的、无序的。因此，针对各个领域可能出现的公共危机事件，事前做好相关预案建设是进行合理、有序的应急处理的基本要求。

---

① 石洪涛．七名中国公民获释幕后新闻——外交部启动突发事件应急机制［N］．中国青年报，2014-04-15（01）．

一、现状与成就

危机往往是制度建设的催化剂。在 2003 年"非典"发生前，中国各个领域基本没有形成任何公共突发事件的应急预案。直到 2003 年 7 月，胡锦涛总书记才在全国防治非典工作会议上深刻指出，我国突发事件应急机制不健全，处理和管理危机能力不强；一些地方和部门缺乏应对突发事件的准备和能力。我们要高度重视存在的问题，采取切实措施加以解决问题。党的十六届三中、四中全会明确提出，要建立健全社会预警体系，提高保障公共安全和处置突发事件的能力。2006 年 1 月 8 日，国务院印发了《国家突发公共事件总体应急预案》，明确提出了应对各类突发公共事件的 6 条工作原则：以人为本，减少危害；居安思危，预防为主；统一领导，分级负责；依法规范，加强管理；快速反应，协同应对；依靠科技，提高素质。这一总体预案是全国应急预案体系的总纲，也是指导预防和处置各类突发公共事件的规范性文件。虽然该应急预案主要涉及的是国内突发公共事件，但也对涉外公共事件进行了必要的关注，该预案要求"在境外发生涉及中国公民和机构的突发事件，我驻外使领馆、国务院有关部门和有关地方人民政府要采取措施控制事态发展，组织开展应急救援工作"①。可见，涉外公共事件的应急预案建设是国家总体应急预案建设的一个重要分支。尤其是近年来，随着国家综合实力的不断增强，加强涉外领域应急预案的机制化、法律化建设已成为国家总体工作部署的一大重点领域。

---

① 中国政府网．国家突发公共事件总体应急预案［EB/OL］．（2006-01-08）［2020-04-15］．http：//www.gov.cn/yjgl/2006/01/08/content_21048.htm.

在涉外领域，2005 年 8 月国务院印发了《国家涉外突发事件应急预案》，国务院各部门也相应地制订了相关应急预案。外交部据此制订了《外交部重大突发事件应急预案》。2006 年 4 月 26 日，外交部和国家旅游局还印发了《中国公民出境旅游突发事件应急预案》，该预案适用于中国公民出境旅游过程中生命财产受到损害或严重威胁的重大和较大突发事件的应急处置工作。各级地方政府也相应地制订了相关应急预案。以江西省为例，从省到县分别有《江西省突发公共事件总体应急预案》《宜春市涉外突发事件应急预案》和《铜鼓县突发公共事件应急预案》。2010 年，针对领保案件全球多点同时爆发趋势，中国领事保护中心着手建立了领保案件应急预案库①，为不同类型领保案件的处理提供了最基本的方案准备。2018 年公布的《中华人民共和国领事保护与协助工作条例（草案）》（征求意见稿）第 29 条明确规定，在外国的中国法人和非法人组织，应当根据所在国的安全状况，建立健全安全保护内部防范和应急处置机制，完善突发事件应急预案。2011 年外交部推出的《中国企业海外安全风险防范指南》对企业应急预案做出了相关规定，要求企业要针对境外机构所在地安全风险状况，以"用得上、行得通、靠得住"为标准制订企业境外安全突发事件应急预案，并定期组织员工就预案内容进行演练，根据实际情况不断加以改进和完善。由此，诸如中国建筑总公司、中石化集团公司等大型国企大都已经建立了企业境外安全突发事件应急预案。例如，中石化集团公司于 2005 年 11 月完成并实施了《中国石化重特大事件应急预案》，包括 1 个总体应急预案和 15 个专项应急预案。2008 年再次进行了完善，印发了《中国石化重特大事件应急预案》（2008 年修订）。修订后的预案包括 1 个总

① 周秀清. 奏响新时期领保之歌：记全国先进基层党组织外交部领事保护中心党支部 [J]. 紫光阁，2011（10）：51-53.

体应急预案和 17 个专项应急预案。增加的两个专项应急预案是"计算机系统损害事件应急预案"和"公共聚集场所事件应急预案",它们分别来自原来的"恐怖袭击事件应急预案"和"群体性事件应急预案",主要考虑恐怖袭击事件和计算机系统损害事件是两种不同方式的事件,采取的处理方法也不同,群体性事件和公共聚集场所事件的不同点在于一个是被动处理,而另一个是主动预防。该文件涵盖了中国石化在境内外发生或可能发生、造成或可能造成重大人员伤亡、财产损失、环境破坏和社会影响的重特大事件。从此,《中国石化重特大事件应急预案》(2008 年修订) 更加具有指导性和可操作性,成为中国石化应急救援行动的指南①。在 2008 年修订版应急预案的基础上,针对其操作性不够等问题,2011 年中国石化秉承着"实用、简单、传承、借鉴"的原则对其应急预案进行了再次修订。新版预案在现有预案的基础上,将中海油的关键理念融入精髓进行嫁接之后形成了《中国石化重特大事件应急预案》(2011 年版),并要求达到要使总体应急预案成为今后集团公司应对各类重大突发事件的纲领性和程序性文件,使专项预案成为现场处置的技术支持、指导性文件的目标。2016 年 1 月 29 日,中石化集团公司外事局还组织了中国石化境外公共安全风险评估信息系统操作培训班。可见,在我国较早开展境外业务的国有企业,已经初步形成了较为完善的应急预案。

又如,在处理企业的海外事务时,中国中铁将境外突发事件应急机制分为四个方面:一是实行"三层三级"突发事件应急机制,中国中铁总部、二级单位、三级单位分层级履行突发事件应急处置职能;二是实行预警机制,根据风险不同分为红色、橙色、黄色和蓝色四级预警;

---

① 中国安全生产网. 中石化:完善预案加强演练 提高应急能力 [EB/OL]. (2009-12-25) [2020-04-18]. http://www.aqsc.cn/101813/101946/143384.html.

三是实施分级响应机制，将境外突发事件分为特别重大（一级）、重大（二级）、较大（三级）三级响应；四是细化处置程序和流程。考虑项目国家数量众多且差异较大，中国中铁还实行了"区域联动"机制，做到"信息共享、综合协调"。并且充分利用信息化技术和手段，发挥OA协同办公平台、QQ群、微信群等即时通信软件作用，确保信息发布及时、部署及时。

综上可见，中国已经基本搭建了一个自上而下、从中央到地方、从政府到企业的涉外公共事件应急预案体系（表3-1）。这为突发公共事件发生后的有序、有效应对提供了最基本的方案指导。

表3-1 涉外应急预案概览

发布主体	出台文件	时间	性质
国务院	《国家突发公共事件总体应急预案》	2006年	总体预案
全国人民代表大会常务委员会	《中华人民共和国突发事件应对法》	2007年	总体预案
国务院	《国家涉外突发事件应急预案》	2005年	涉外领域
国资委	《中央企业应急管理暂行办法》	2013年	涉外领域
外交部、国家旅游局	《中国公民出境旅游突发事件应急预案》	2006年	涉外领域
外交部	《外交部重大突发事件应急预案》	2005年	涉外领域
外交部	《中华人民共和国领事保护与协助工作条例（草案）》	2018年	涉外领域
外交部	《中国企业海外安全风险防范指南》	2011年	涉外领域

续表

发布主体	出台文件	时间	性质
地方政府	《江西省突发公共事件总体应急预案》《宜春市涉外突发事件应急预案》《铜鼓县突发公共事件应急预案》	2013 年、2006 年	涉外领域
企业	《中国石化重特大事件应急预案》	2005 年、2008 年、2011 年、2015 年	涉外领域

二、不足与对策

虽然从中央到地方、从政府到企业均制订了相关应急预案，但通观这些应急预案，仍然存在一些不足，亟须改进。

（一）存在问题

第一，应急预案的可操作性较差，风险分析和应急能力评估不全面。应急预案的响应程序过于简化，需补充和完善现场应急指挥层级和专业组的构成。

第二，应急触发和升级机制、紧急联动机制不明确。分级不规范，与上下级不衔接，应急预案分级原则不统一。在应急预案编制前未做完善的风险分析和应急能力评估工作。

第三，应急信息上报和下达程序不通畅。报告程序不规范，忽略地方政府，预案中必须明确与当地政府和相关单位应急预案的相互衔接。

第四，对媒体和舆情的重视程度不够。

（二）相关对策

1. 强化应急预案的周密性和衔接性，打造"横向到边、纵向到底、上下对应、内外衔接"的应急预案体系

应急预案虽然侧重应急，但应急工作同样是涉及方方面面协调的工作，合理高效的应急预案需要将各个方面都照顾周密，并且做到上下对应、内外衔接。在应急管理的实际工作中，很多企业普遍形成了"横向到边、纵向到底、上下对应、内外衔接"的应急预案体系，这一应急预案体系在各项实践工作中得到了有力检验，值得被大力推广。基于此，2013 年 3 月 15 日国务院国资委公布了《中央企业应急管理暂行办法》，其中第十四条规定，中央企业应当加强各类突发事件的风险识别、分析和评估，针对突发事件的性质、特点和可能造成的社会危害，编制企业总体应急预案、专项应急预案和现场处置方案，形成"横向到边、纵向到底、上下对应、内外衔接"的应急预案体系，进一步从国家法律层面出发对该体系给予了肯定。

虽然这一规定主要是针对中央企业的，但对于其他中小型企业同样具有参考价值，应该被大力推广。在这一总原则的指导下，各企业相应地根据自身情况制订了一套独特的海外应急预案。如中国电力公司2014 年颁布的《国家电网公司应急救援预案管理办法》，该管理办法适用于公司海内外各项业务领域，其中第五条指出"公司各级单位应按照'横向到边、纵向到底、上下对应、内外衔接'的要求建立应急预案体系"。在此规范的基础上，国家各涉外企业逐步完善了自身海外应急预案体系，以尽可能减少企业损失。

2. 在坚持应急预案统一性的同时，应当允许应急预案多样性的存在，增强应急预案的针对性、可操作性

危机安全事件的相似性决定了危机处理在基本架构和程序方面的共性，这一特点进一步决定了应急预案具有"统一性"的总体特征。但危机安全事件总体应急预案仅仅是危机处理的基本蓝图，只能起到一定程度的整体规范和指导作用，而无法准确预估各种实际状况。事实上，由于各国基本国情、文化等存在客观差异，加之不同类别危机事件的突发性和个体差异性，导致每次危机可能都具有自身的独特性，海外安全事件更是如此。这就要求我们在处理危机事件时要从实际情况出发，在总原则的指导下，实事求是、因地制宜地制订各项具体方案，从而最大限度地保证各应急预案的实用性和灵活性。因此，境外安全事件应急预案应该在《国家涉外突发事件应急预案》基础上，根据东道国的具体情况和本行业的具体特点予以制订，以增强预案的针对性和可操作性。最终形成一个"总体预案+各个专项预案+相关附件"的应急预案体系，同时在实际工作中力求做到上下一致、层级清晰、职责明确、接口严谨。

3. 建立健全应急预案常态管理机制，保障应急预案常在常新

当今时代世界发展日新月异，同类型的公共安全事件往往随着时间、地点的不同而具有不同特点，因此，针对同一类型公共安全事件的应急预案也必然会随着时间的推移和新情况的出现而变得不那么适用。可见，相关主体理应随着时代的发展变化对其进行定期更新，各项应急预案应当一切以时间、地点、条件为转移，从而保证应急预案常在常新，提高各项应急预案的韧性和灵活性。这一总体需求要求从政府到企业应该定期或不定期地对各类应急预案加强日常管理，建立健全应急预案的评估、修订和备案管理制度，以保障应急预案不仅常在而且常新。

值得欣喜的是，目前国内一些大型企业已经充分意识到这一点。以

中国石油化工股份有限公司为例，其在 2005 年首次发布了《中国石化重特大事件应急预案》，该文件对一些可能出现的重特大事件进行了相应评估，初步形成了一套较为严谨的预案体系。此后，中国石化先后于 2008 年和中国石化基本上保持着每三年修订一次的修订效率和预案完善机制，2011 年两次在最初版本的基础上，根据不同的实际情况适当地对其进行了完善修订。其中，2008 年修订版主要增加了"计算机系统损害事件应急预案"和"公共聚集场所事件应急预案"两个专项应急预案，在完善基本预案的同时，使其更加具有指导性和可操作性，成为中国石化应急救援行动的总指南；2011 年公司在细致评估上一版本的预案后，决定以符合性和实用性为目标再次重启修订计划，于是《中国石化重特大事件应急预案》（2011 年版）在保留上一版精髓的基础上，在预案简洁性、实用性和可操作性方面实现了全新突破，也基本保障了应急预案的常在常新状态。

第二节　法律法规建设

习近平总书记在党的十九大报告中提出的新时代坚持和发展中国特色社会主义"十四条基本方略"，特别是其中"坚持以人民为中心"和"坚持全面依法治国"等要求，对新时代外交领事工作具有重要指导意义。中国改革开放四十多年间的巨大成就促使国家对外开放格局和人民生活发生了巨大的变化。随着"走出去"的企业和公民日益增多，国家的海外利益逐渐向外拓展开来，"海外中国"加速成型，而同时，由于全球化背景下相互依赖的加深，以及由不平衡、不充分的发展所引发的矛盾在海外各领域的不断显现，推动了领事保护与协助工作形势正在发生持续、深刻的变化。正是这些变化让领事保护立法的出台显得更加必要，也更为迫切。2021 年 11 月 19 日，国家主席习近平在第三次"一带一路"建设座谈会上指出："要加快形成系统完备的反腐败涉外法律法规体系，加大跨境腐败治理力度。各类企业要规范经营行为，决不允许损害国家声誉。"① 在实际工作中，由于应急处理需要紧急动员各方资源、协调各方关系，而涉外公共事件更需要动员、协调国内外各方资源，因此，为了减少国际合作中的摩擦、尽可能提高领事保护工作效率、增强领事保护工作的合法性，应急处理应当做到有法可依，国家必须不断强化领事立法工作。时任中国政府非洲事务特别代表刘贵今认为，从领事保护层面看，立法是形势发展的需要，有助于提升领保工作的深度、广度和精度，同时是领事工作持续进步、"外交为民"不断推进的体现；从国家层面看，则是健全依法行政、推进全面依法治国的迫切需求，反映了国家立法工作的与时俱进，对于推动中国进一步对外开放也大有裨益。事实上，能否尽快通过相关的领事立法，为领事保护提供法律依据和支撑，是中国能否为海外公民和机构提供有效保护的关键所在②。

一、现状与成就

我国现行《宪法》第五十条规定："中华人民共和国保护华侨的正当的权利和利益，保护归侨和侨眷的合法的权利和利益。"这是中国保

---

① 新华网. 习近平在第三次"一带一路"建设座谈会上强调 以高标准可持续惠民生为目标 继续推动共建"一带一路"高质量发展 韩正主持 [EB/OL]. (2021-11-19) [2021-11-19]. http://www.news.cn/politics/leaders/2021-11/19/c_1128081486.htm.
② 杨洋. 中国领事保护中存在的问题及对策 [J]. 国际政治研究, 2013 (02)：17-29.

护海外公民的国家责任条款。在《宪法》的指导下，我国对海外公民进行着领事保护，而与之相关的规定十分零碎烦琐，并未有一套专门的法律用来规定。例如，关于领事保护涉及国籍的《中华人民共和国国籍法》、关于海外公民商业活动的《中华人民共和国海商法》、关于侨民权益的《中华人民共和国归侨侨眷权益保护法》、关于海外公民权益继承的《中华人民共和国继承法》、关于入境出境管理的《中华人民共和国外国人入境出境管理法》和《中华人民共和国外国人出入境管理法实施细则》等，这些早期的零散的法规构成了中国领事保护的基本法律依据。

中国应急处理的相关法律法规建设始于改革开放，但是直到 21 世纪初才真正受到政府重视。2001 年，我国进入综合性应急预案的编写使用阶段。2004 年，国务院办公厅印发《国务院有关部门和单位制定和修订突发公共事件应急预案框架指南》，使重大事故应急预案的编写有章可循。截至 2012 年，我国已编制国务院部门应急预案 57 部、国家专项应急预案 21 部、全国各级应急预案 130 多万件，基本上涵盖了各类常见突发事件①。

在国内法律依据方面，2001 年 12 月 12 日，国务院第 50 次常务会议通过了《中国公民出国旅游管理办法》并于 2002 年 7 月 1 日起生效。2017 年修订后的《中国公民出国旅游管理办法》（2017 年修订）首次为旅行社经营出国游业务设立了资格门槛。此后，游客不仅在出游前，而且在整个出国旅游的行程中能得到相应的法规保护②。2006 年 1 月 8 日，

---

① 赵媛媛.我国应急管理体系的现状、问题以及完善［J］.时代金融（下旬），2012（03）：254.

② 央视网.7 月 1 日起《中国公民出国旅游管理办法》实施［EB/OL］.（2019-06-30）［2020-02-19］.http：//www.cctv.com/news/society/20020630/8.html.

国务院印发了《国家突发公共事件总体应急预案》，这一总体预案是全国应急预案体系的总纲，是国家在海内外有效开展应急保护的根本法律保障。2007 年 3 月，外交部根据全国人大代表和全国政协委员的建议，开始研究分阶段推动领事保护立法，规范领事保护工作。2007 年 11 月 1 日实施的《中华人民共和国突发事件应对法》是包括外交部在内的各级政府部门进行应急处理的最基本法律依据。2009 年 11 月出台的《中华人民共和国领事工作条例（征求意见稿）》，主要对领事职责的范围、履行职责的基本原则、领事保护制度以及领事工作的有关事项进行了初步规范。2013 年 3 月 15 日，国务院国资委公布的《中央企业应急管理暂行办法》成为中央企业实施应急管理的最新权威指导。

与此同时，中国海外领事保护相关法律在不断寻求完善。十三届全国人大一次会议记者会上，外交部部长王毅就领事保护工作回答记者提问时表示，2017 年面对越来越繁重的领保任务，外交部打造了由法律支撑、机制建设、风险评估、安全预警、预防宣传和应急处置六大支柱构成的海外中国平安体系。2018 年 3 月 26 日，外交部就《中华人民共和国领事保护与协助工作条例（草案）》（征求意见稿）向社会公开征求意见。其主要内容包括了中国驻外外交机构的职责、中国公民等被保护主体权利义务、领事保护案件处置及预防国籍国公民海外风险的预警措施等多个方面，具体制度安排涉及不同情况下的领事保护处置，以及海外安全提醒及国籍国公民基本信息登记等不同方面，可以说为我国驻外外交机构的领事保护行为规范提供了基本的制度框架及处置预案。2020 年 1 月 17 日，在外交部领事司举办的 2019 年度领事工作国内媒体吹风会上，领事司司长崔爱民介绍，我国首部领事保护立法有望近期出台。《中华人民共和国领事保护与协助工作条例》已列入《国务院 2019 年立法工作计划》，出台后将是我国第一部关于领事保护与协助工作的专门立法，也是第一部针对海外中国公民和机构安全的专门立法，在领事工作法治化和现代化进程中具有里程碑意义①。

在国际法律法规依据方面，1979 年 7 月 3 日中国申请并于 8 月正式加入《维也纳领事关系公约》。1980 年 9 月与美国签署了第一份领事条约。据统计，截至 2014 年 7 月底，中国政府已签署和参加包括《联合国反腐败公约》在内的近 100 个多边国际公约，已与 51 个国家签订含有刑事司法协助内容的条约，与 38 个国家签订了引渡条约②。2015 年 2 月 27 日，第十二届全国人大常委会第十三次会议批准了《中华人民共和国和大韩民国领事协定》。至此，中国共与世界上 46 个国家签订了双边领事条约或协定。截至 2014 年 11 月，已有 91 个国家与中国互免持外交护照人员签证，87 个国家与中国互免持公务护照人员签证，34 个国家与中国互免持公务普通护照人员签证，4 个国家与中国互免持普通护照人员签证。39 个国家与中国签订了 53 份主要适用于持普通护照人员的简化签证手续协定或安排③。这些法律措施为中国实施涉外应急机制提供了基本的国际法律依据。

用尽当地法律资源是实施好领事保护的重要新路径。鉴于近年来中国在新加坡的公民数量大，人员来往频密，领事保护与协助工作压力不断增大。中国驻新加坡使领馆积极为当地中国公民和企业提供当地法律服务。2018 年 5 月 16 日，中国驻新加坡大使馆举行"法律为新时代领

---

① 观察者网. 外交部：我国首部领事保护立法有望近期出台［EB/OL］.（2020-01-17）［2020-05-01］. https：//www.guancha.cn/internation/2020_01_17_532024. shtml.

② 人民网. 中国与 38 国签订引渡条约　将强化与美国反腐合作［EB/OL］.（2014-08-26）［2020-05-02］. http：//world. people. com. cn/n/2014/0826/c1002-25541 981. html.

③ 光明网. 外交部：今年中国与 19 个国家签署免签证协定［EB/OL］.（2014-11-14）［2020-05-02］. http：//world. gmw. cn/2014/11/14/content_13840005. htm.

事工作服务体系"发布会①。中国驻新加坡大使洪小勇等多名大使馆人员以及当地律师事务所、中资企业、留学生、旅行社代表等出席活动。洪小勇详细介绍了"法律为新时代领事工作服务体系"的六项举措，即聘请法律顾问、建立《新加坡律师事务所推荐名单》、建立《新加坡免费法律资源名单》、翻译 9 部新加坡法律文本、建立新加坡常见法律问题问答及案例库、在大使馆网站设立"法律服务"专题板块。他表示，使馆构建该体系的目的就是要充分调动新加坡当地法律资源为领事工作服务，同时加强法制宣传教育，倡导在中国公民更好地运用法律手段维护自身合法权益。显然，中国驻新加坡使领馆这一领事新举措值得其他驻外使领馆学习。

此外，一些海外华侨和境外投资较多的地方政府也开始投入法律服务工作。2013 年 6 月 19 日，浙江省温州市洞头县外侨办（侨联）与县司法局联合成立了"洞头县司法行政法律服务中心涉侨法律服务工作站"②。涉侨法律服务工作站成立后将为洞头县涉侨人士提供各类法律咨询、专项法律顾问和专案代理、法律调解、公证等服务。同时，工作站将开展维权法律法规讲座和宣传，并不定期开展走访和调研活动。2018 年 5 月 31 日，浙江省瑞安市"涉外涉侨法律服务驿站"揭牌仪式在浙江合一律师事务所举行③。"驿站"的成立旨在为瑞安市侨胞侨眷、涉外涉侨企业和个人提供法律服务，为涉外涉侨重大决策的制订提供法

---

① 涂艳，赵雨彤．中国驻新加坡大使馆举行"法律为新时代领事工作服务体系"发布会［EB/OL］．（2018-05-16）［2020-05-03］．https：//baijiahao．baidu．com/s？id=1600619097771550063&wfr=spider&for=pc.

② 郭芳芳．浙江温州洞头县涉侨法律服务工作站正式揭牌成立［EB/OL］．（2013-06-20）［2020-05-06］．http：//www．chinanews．com/zgqj/2013/06-20/4951716．shtml.

③ 瑞安市委统战部．瑞安市"涉外涉侨法律服务驿站"揭牌 打造外侨法律服务平台［EB/OL］．（2018-06-05）［2020-05-06］．http：//www．ruian．gov．cn/art/2018/6/5/art_1327206_18459190．html.

律支持，并协助处理涉外涉侨事务。浙江省乐清市外侨办在市司法局大力支持下，于 2018 年 8 月成立了"乐清市涉外涉侨法律服务工作站"①。工作站与熟悉涉外涉侨法律业务的浙江乐泰律师事务所等事务所合作，成立 7 人涉外涉侨工作法律顾问团队，聘请 10 位知名侨领担任乐清市人民调解海外联络员，常住乐清的 6 位外国人担任志愿服务者，旨在为在乐外国人、乐清籍海外华人华侨及其家属提供免费法律咨询和有偿法律服务，并根据情况对经济困难的涉外涉侨当事人提供免费法律援助。显然，地方政府积极参与境外法律服务必将为境外公民和企业提供更具针对性的法律服务。

可见，中国已经形成了一个从国内法律到双边领事条约再到国际条约、从中央到外交部到相关部委再到地方政府相对较为完整的应急法律法规体系。中国在海外领事保护方面已经基本做到了有法可依。

二、不足与对策

鉴于中国"走出去"历史相对短暂且"一带一路"倡议的实施尚处于摸索阶段，相关领保实践起步较晚，中国领保立法尚有诸多地方需要改进。

（一）不足之处

第一，公民的责任义务较少纳入立法范畴，应明确公民在遵从安全提醒、合理安排海外行程以及承担相关费用等方面应履行的法定义务。

第二，海外企业、公民强烈的领保需求与外事部门领保能力供给不

---

① 伍培利. 浙江省乐清市成立涉外涉侨法律服务工作站［EB/OL］.（2018-08-17）［2020-05-08］. http://www.chinaqw.com/gqqj/2018/08-17/199224.shtml.

足的"供需矛盾"越发突出。

第三,针对领事职责的范围、履行职责的基本原则、领事保护制度以及领事工作的有关事项等内容的限定、规范不足。

第四,领事保护相关法律法规不仅较为零散、不统一,而且多以行政规章而不是法律呈现。

(二)对策建议

1. 推动领事关系尽早实现法制化,减少领事保护的道义性与自发性,增加法律性与义务性

从历次撤侨案例和领事保护案件分析来看,由于中国与很多东道国事前没有相关的领事条约,相关领事保护及善后工作多半依靠领事官员的个人资源或者中国与东道国良好的国家关系予以疏通解决,导致当前中国领事保护总体效率低下,领保工作进程缓慢,公民、企业合法的海外利益得不到及时保障,并进一步上升为海外企业与公民强烈的领保诉求与外事部门领保能力供给不足的矛盾。当前,中国海外领事保护大多采取"一事一议"的临时措施,这种领保方案既耗费外交资源,又存在极大的不确定性风险,为海外领事保护工作的合理有序开展带来了极大困扰。为了解决这一困境,国家必须尽快转变领事保护思路,明确领事保护范围和领保边界,全面完善现存领事保护制度;必须将法制化的领事关系条约予以长期化、制度化,从国家法律层面出发规范领事保护工作,使领事保护从政治化管理向法制化治理转变,让领事保护真正做到有法可依、有法必依,以此来减少领事保护中的道义性与自发性,增加法律性与义务性,最终降低交易成本,提高工作效率。

2. 优化领事条约结构，加大国际多边领事条约的签订比例，实现双边与多边领事条约并存的新格局

相较于多边外交，中国传统上更喜欢、更善于双边外交，至今未变。尽管中国签订的双边领事条约还不到建交国的三分之一，还有很大提升空间，但目前中国参与的领事条约多以双边领事为主，国际多边领事条约参与不多。与此相应，中国参与了越来越多的双边领事条约，但多边领事条约参与积极性要相对小些。而领事保护工作往往需要多边协作，中国应该在逐渐熟悉多边条约运作机制的基础上，更加积极地参与多边外交领事谈判，缔结更多的多边领事条约，以充分利用国际条约中有利的司法协助条款最大化地维护境外中国公民合法权益。例如，除了尽快参与既存的国际多边领事条约外，中国可以考虑借助于东盟地区论坛（ARF）、亚太经合组织（APEC）、上海合作组织（SCO）、亚太安全合作理事会（CSCAP）、中非合作论坛等多边合作框架签订相关多边领事保护条约。

3. 加强加快海外公民权益保护的国内立法优化工作，优化《中华人民共和国领事保护与协助工作条例》

目前，世界上在保护本国侨民时都注重国内立法工作。例如，日本于 2004 年制定了《国民保护法案》，2005 年内阁会议通过了《有关国民保护的基本方针》，根据基本方针的要求，日本外务省又制订了详细的《外务省国民保护计划》。而美国除了有完善的《全国紧急状态法》外，"9·11 事件"后更加紧了对美国海外机构和公民的安全保卫工作。我国在这方面的国内法还比较薄弱，为改变这一现状，更好地保护海外中国公民的合法权益，中国除了需要继续完善应急管理机制建设相关法律之外，还需要从保护海外公民权益等更高的层次来强化法律规定，以为应急法律法规提供相关法律依据。我国《宪法》第五十条明确规定：

"中华人民共和国保护华侨的正当的权利和利益，保护归侨和侨眷的合法的权利和利益。"可以说构成了我国进行海外利益保护的最根本法律依据。但毕竟华侨仅仅是庞大海外中国公民的一部分，这一规定略显不足。中国共产党的十八大报告明确指出要坚定维护国家利益和我国公民、法人在海外的合法权益。这从党的角度提出了对政府领事保护工作的要求，在保护对象上涵盖了公民和法人，是一大进步，但毕竟这不具有法律效力。而且《宪法》的规定和党的报告也是比较原则的表述，还需要更具体的法律予以落实。2020 年之前，我国于 2009 年 10 月 31 日通过了《中华人民共和国驻外外交人员法》（该法用大量条款规定了外交人员的各种职责），此时，我国在领事保护和外交保护层面上还没有专门的法律、法规出台，不利于海外中国公民的利益保护，而且不符合依法治国的基本要求。《中华人民共和国领事保护与协助工作条例》出台后会是我国第一部关于领事保护与协助工作的专门立法，也是第一部针对海外中国公民和机构安全的专门立法，在领事工作法治化和现代化进程中具有里程碑意义。但即便如此，相较于西方发达国家的领事保护立法，相关规定仍然存有诸多需要进一步完善之处，还需要在实践中不断予以优化。

4. 积极推动驻外使领馆和地方政府积极参与到境外法律服务体系中来

正如前述案例所表明的，中国驻新加坡使领馆积极为境外中国公民和企业提供当地服务，效果良好；浙江省很多地方政府提供的法律服务平台能够提供更为及时和针对性的法律服务。这些基层领事保护经验值得总结提炼并予以推广，以提高中国境外法律服务体系的针对性。

第三节　领导协调机构建设

领事保护是中国与对象国进行战略互动、外交部与其他部委统筹协调、政府与企业相互配合、应急机制与长效机制有机统筹的重要任务。不管是日常的领事保护还是最终的海外撤侨行动的成功，单独依靠外交部门的努力是远远不够的，还需要财政部、商务部、公安部、交通部、国家旅游局、中国民航局、侨办、国资委甚至是军队等各方面的充分参与及配合。在这一协调合作的过程中，为了最大限度地统筹各方力量，合理利用各方资源，必须建立一个统一和强而有力的领导协调机构来担任组织工作的"中枢和大脑"，这对海外领事保护工作的开展来说是必不可少且十分重要的。

一、现状与成就

2004 年恶性海外安全事件接踵发生，中国海外公民的安全保障问题似乎陡然严重。谁来保障中国海外公民的安全？2004 年 7 月 1 日，外交部新设立涉外安全事务司，职责重点就是应对恐怖主义。同年 7 月 19 日，主管公安和外交工作的两位国务委员主持召开了国务院研究部署加强境外人员和机构安全保护工作的会议，强调要转变思想观念，增强防范意识，要求各有关部门和单位要充分认识做好我国境外人员和机构安全保护工作的重要意义，按照中央的部署和要求，抓紧建立我国境外人员和机构安全保护工作部际协调机制和驻外使馆牵头的安全保护工作机制，制定完善的相关法规和政策措施，分工负责，密切配合，切实维护好我国境外人员和机构的安全①。这是中国高层首次集体讨论海外公民安全问题。2004年11月，经国务院批准，由外交部牵头、国务院26个有关部门参加且包括军队有关部门的"境外中国公民和机构安全保护工作部际联席会议制度"成立，成为中央层面的领导协调机构，负责统一指挥、协调境外涉及中国公民和企业重大领事事件的处置工作，以加快重大危机事件的外交解决程序，提供工作效率。境外一旦发生中国公民重大突发事件，部际联席会议制度就会启动，就部门协调处理案件做出紧急部署和指导。在实际工作中，其基本程序是，外交部启动部内应急机制—请示部领导—驻地使领馆最新情况通报（升级）—决定撤侨—启动部际联席会议—成立应急指挥部。同时，外交部将根据撤侨工作的性质和难度启动不同层级的领导协调机制。2005年，外交部开始对重点地区和重点事态提前发出提醒，并通过新闻媒体对外发布。

经过不断努力，国家海外领事保护统一协调机制逐渐成形，并在2006年东帝汶撤侨工作中得到了充分检验。当时外交部成立了以副司长黄屏为组长的外交部撤侨工作小组和负责接待、安置侨民的接侨小组，并最终决定由何亚非部长助理牵头召开了部际联席会议，公安部、安全部、民政部、财政部、交通部、民航总局等13个相关部门参加。而在2011年利比亚撤侨工作中，鉴于撤侨工作的复杂性和艰巨性，国务院迅速成立了应急指挥部，负责组织协调中国驻利比亚人员撤离及有关安全保障工作，由张德江副总理担任总指挥，戴秉国国务委员协助。在国务院应急指挥部的组织协调下，中央军委、外交部、国资委、商务部、公安部、交通运输部、民航总局、中国气象局等国内相关部门和相

---

① 新浪网.国务院.落实责任加强我国境外人员安全保护［EB/OL］.（2004-07-19）［2020-05-08］.https：//news.sina.com.cn/c/2004-07-19/20253130893s.shtml.

关的驻外使领馆、各地市以及中资企业均制订了相关应急工作小组或应急方案。在 2013 年 3 月 8 日马来西亚航班失联事件发生后，部际联席会议在外交部部长王毅主持下更是连续在 3 月 8 日和 9 日召开两次会议，研究部署应急处置工作。可见，在东帝汶撤侨和马来西亚航班失联事件中，虽然启动了部际联席会议，但主要工作是由外交部完成的，而在利比亚撤侨工作中，不仅启动了部际联席会议，而且在国务院层面成立了应急指挥部，是一次实实在在的"国家行动"。正是部际联席会议机制的确立使中国领事保护形成了以外交部为中心、相关部门密切配合的"大领事"格局，保障了不同部门间的信息、资源共享和工作协调，保障了领保工作的高效运转，而实际操作中根据不同情况启动不同层级的部级联席机制更是节约了外交资源。

在中央层面的部际协调机制之外，国内各层级的协调机制也逐步完善，逐渐建立起针对某一类型领事保护案件的专项机制。如 2013 年，针对在非洲中国个体从业人员违规经营导致自身权益受损日趋严重的问题，建立了"中国在非洲个体从业人员问题部际协调会机制"。针对中国公民在非洲非法采金问题，建立了"中国公民在非洲非法采金问题部际协调会机制"，成立了"外交部、商务部和公安部赴加纳联合工作组"，与加方协商处理相关问题①。

2015 年 7 月《国家安全法》的颁布为完善"大领保"格局提供了更为充足的法律依据。《中华人民共和国国家安全法》第 48 条明确规定，"国家根据维护国家安全工作需要，建立跨部门会商工作机制，就

① 本书编写组. 中国领事工作（上册）［M］. 北京：世界知识出版社，2014：334-335；夏莉萍. 中国领事保护新发展与中国特色大国外交［J］. 外交评论，2020（04）：1-25；邵海军、魏梦佳. 中国驻加纳大使：将配合加纳处理非法采金问题［EB/OL］.（2013-06-19）［2020-05-08］. http：//www.gov.cn/jrzg/2013-06/19/content_2428817.htm.

维护国家安全工作的重大事项进行会商研判，提出意见和建议"。以此为契机，一个以国家安全委员会为统筹协调中心、各个部门广泛参与的"大领保"领导协调机构逐渐成型。在国家安全委员会的主导和协调下，2015年的也门撤侨行动果断、迅速，各部门之间配合顺畅，为我国开展"大领保"工作提供了极为宝贵的经验。

二、不足与对策

尽管国家安全委员会协调下的部际联席会议机制已经高效运转并经受了历次海外撤侨行动考验，但相较于韩国设有反恐对策委员会、日本在内阁成立了应急事件总指挥部、美国应对突发事件设立的分级指挥体系，我国的安全保障领导协调机制尚不完善，仍需强化。

（一）不足之处

第一，未能形成完整、成熟的海外领事保护领导协调制度，各个部门仍然存在各自为政现象。

第二，在优化组织内部结构，成立专项工作组，合理划分、设置必要的责任部门，如指挥部、财政部、后勤部等，实行责任制，确保职责明确、追责有效等方面有所欠缺。

（二）相关对策

1. 标准化、制度化、常态化部际联席会议机制，保障领导协调机构在没有最高领导指示的情况下仍能有效运转

国家安全委员会协调下的部际联席会议虽然能够调动各方资源，但毕竟不是常设机构，而只是临时会议制度，没有固定的国家领导日常负责，因而导致国家进行领事保护合作的局限性较大。同时，由于制度设

计的条块分割和实际运行中"对上负责"的习惯,造成除非有更高领导的指示或协调,否则部际之间难以合作的困境,对国家高效开展海外领保工作造成了不少障碍。利比亚撤侨行动之所以能够顺利实施,中央高层的指示和具体部署指挥是重要原因。在"领导指示"成为政治动员必备的要素时,临时会议制度的效果会面临不确定性大、组织动员能力欠缺的问题。因而随着领事保护和撤侨工作频率的提升和领保工作常规化的发展,为保障部际联席会议能够更有效运转,可借鉴韩国设立的反恐对策委员会、日本在内阁成立应急事件总指挥部的做法,而将部际联席会议运转流程标准化、制度化、常态化。

2. 根据领事保护的复杂性和重要性,细化海外领事保护类型,以启动相应层级的应急指挥部

在部际联席会议制度之下,应急指挥工作可以根据领事保护的复杂性和重要性交由外交部或国务院总体负责,这就需要细化海外领事保护的具体类型,根据不同类型而启动相应层级的应急指挥部。同时,要明确各行动部门需要对应承担的任务,确保各级、各部门领事保护参与主体各司其职、联合行动,做到在制度化、标准化部际联席会议制度的前提下,即使由外交部负责应急指挥,也能调动其他部委、地方政府与企业单位的后勤资源,力求在尽可能短的时间内迅速调动相关人力、物力、财力,从而尽可能缩短反应时间,拯救海外中国公民合法的生命财产利益。美国在处理国内突发事件时的事件分级和指挥主体层级划分上较为成熟,对我国领保工作的具体开展具有一定的借鉴意义。它按照事件严重性将国内突发事件划分为"重大突发事件""重大跨州事件""重大区域事件""重大当地事件"和"日常突发事件"五个不同级别,并针对事件的严重性对应地分别将这五种不同级别的事件交由联邦级联合指挥、州级联合指挥、市县区域联合指挥、当地联合指挥和当地

应急部门指挥去处理。这样既确保了应急活动的组织性、有序性，又能根据事件大小保证各个部门充分配合，物尽其用。

3. 外交部要继续创新领保协调机制以增强"大领事"的统筹协调能力

2013 年，外交部部长王毅在考察领事保护中心时指出，虽然当前以外交部为中心、相关部门密切配合的"大领事"工作格局正在逐步形成，但外交部必须不断增强对领事工作机制的创新，要继续把工作重点放在构建和完善这一工作机制上，不断增强我部对领事工作的统筹协调能力，以增强对"大领事"的统筹协调能力，与兄弟部门、地方政府、企事业单位以及社会组织加强协作，共享信息，整合资源，形成合力①。该指示明确了我国领事保护工作的重要工作内容，为此后领事保护工作的改革完善指明了方向。直到今天我国在创新领保协调机制方面不断寻求新的突破，在未来一段时间内仍有很长的路要走。

第四节　领事保护实施机构建设

领事保护工作要想高效进行，不仅需要一个强大的组织领导班子来统筹全局，领事保护工作还涉及对人、财、物等的调动和分配，这就需要具体人员与机构来承担各项具体实施工作。领事保护实施机构的建设好坏关系整个领保工作的具体开展和运营状况，是领事保护能够顺利、高效完成的基础，甚至可以认为实施机构的现实工作情况会直接决定总

---

① 中华人民共和国驻阿根廷大使馆. 王毅：外交要接地气、懂民情、惠民生——外交部长王毅考察领事保护中心侧记 [EB/OL]. (2013-03-22) [2020-05-10]. http：// ar. chineseembassy. org/chn/xwdt/t1023775. htm.

体领保工作状况。鉴于应急机制的实施机构建设关系领事保护的具体成效，因此，对国家领事保护实施机构的建设和完善显得必要且十分紧迫。

一、现状与成就

（一）外交部的实施机制

普通的领事事件或者经部际联席会议部署的重大领事事件的具体组织、协调和实施是由外交部及其驻外使领馆承担的。因此，从外交部到驻世界各国各地的使领馆都有相应的应急机制和应急预案，一旦发生相关领事案件，均将分级启动相应的应急机制。通常而言，一般性领保案件主要是由当地驻外使领馆应急处理。例如，2013年8月8日，阿富汗首都喀布尔，5名中国公民遇袭，3人在一所公寓楼内遇害，2名男性失踪。中国驻阿富汗使馆庞春雪参赞对新京报记者表示，使馆2013年8月9日上午得知消息后，立即启动应急机制，一方面，马上派人赶到出事地点了解情况，同时与阿富汗政府高层进行交涉，督促其尽快破案，查明真相，缉拿凶手，寻找失踪人员下落；另一方面，使馆和国内联系，汇报情况①。可见，中国驻阿富汗使馆根据国内的统一部署和要求，对内对外都有详尽的突发事件应急处置的机制，并以此处理这起案件。而一旦发生更大的安全事件时，外交部层面的应急机制也将启动。具体而言，当涉及我国公民或法人重大人员伤亡或财产损失事件发生时，外交部将启动应急机制。应急机制的主要内容：组成应急小组，制

---

① 储信艳．领事保护：必要时大使领事也上阵［EB/OL］．（2013-08-18）［2020-05-10］．http://www.bjnews.com.cn/world/2013/08/18/279000.html.

订工作计划；确定联络方案，保障信息畅通；开设热线电话，收集各方
资讯；协调国内外有关单位共同展开工作①。启动应急机制，外交部首
先要将案情上报中央，同时和使馆保持联系，及时掌握最新情况，并把
信息尽快传达给派出单位的主管部门。

　　2010 年 9 月 21 日，外交部领事保护中心副主任赵海涵在接受媒体
采访时披露，自 2006 年外交部领事司领事保护处成立以来，平均每年
处理的领事保护案件总数保持在 3.7 万起②。2015 年 7 月，外交部首次
在官网公布了 2012—2014 年的领事保护案件数据，分别为 3.6821 万
起、4.1703 万起和 5.9526 万起。2015 年，处置 8 万起领事保护与协助
案件，其中包括上百起重大领事保护案件，撤离战乱和自然灾害地区中
国公民 6000 余人，安全营救遭绑架劫持人员 50 多名③。2017 年外交部
和驻外使领馆会同各有关部门妥善处理领事保护和协助案件 7 万起。
2018 年和 2019 年外交部和驻外使领馆会同各有关部门妥善处理领事保
护和协助案件分别 8 万起。随着"走出去"战略的深化和"一带一路"
倡议的加快推进，驻外使馆原来的经参处或商参处已经远远不能应对日
益增加的领事事件，外交部还在部内进行了机构调整和创新。2004 年 7
月，外交部整合相关部门和力量，成立涉外安全事务司，作为外交部常
设机构，研究涉及国家安全问题的涉外事宜，提出政策建议，协调和处
理相关工作，指导驻外外交机构的有关业务。这一专门负责涉外安全与
领事事件处理的机构无疑强化了涉外安全事件的研究、协调和处理工

①　马宁.为海外国人撑腰　我驻外领事保护连打"漂亮仗"[EB/OL].（2004-04-18）
[2020-05-11].https：//www.fmprc.gov.cn/ce/cgkhb/chn/lsyw/qqdt/t116510.htm.
②　新华网.中国领事保护案件年均3.7万起　很多其实可避免[EB/OL].（2010-09
-21）[2020-05-11]https：//www.chinanews.com.cn/hr/2010/09-21/2549353.
shtml.
③　夏莉萍.中国领事保护需求与外交投入的矛盾及解决方式[J].国际政治研究，
2016（04）：9-25.

作。2005 年 11 月 8 日，外交部决定将领事司亚非领事处和欧美大领事处的领事保护工作剥离出来，增设领事保护处。2006 年 5 月 29 日，外交部在领事司内正式设立领事保护处。这是中国首次设立一个部门，专门处理和协调海外中国公民和法人合法权益的保护工作。2007 年 8 月 23 日，领事保护处正式升格成为领事保护中心，以进一步整合资源，提升预警、处置、宣传和立法等方面的协调行动能力，更好地应对日益增多的领事保护工作需求。

在应急机制中，"领事保护全球呼叫中心"这一公民求助机制是中国外交部获取境外公民与机构应急信息的特殊渠道。通常而言，我们关注的是外事部门对安全信息的供给，而不注重公民求助机制的建设。虽然外事部门和驻地使领馆都会公布自己的联系方式，但没有统一的联系方式，这事实上增加了海外公民求助的成本和困难。试想当你在国内遇到危险时，如果没有"110"统一报警电话，你必须去记住不同派出所的报警电话，这简直让人感到恐惧。2013 年 3 月 21 日，外交部部长王毅在外交部领事保护中心考察工作时强调，要加快建立"领事保护全球呼叫中心"，以保障我们的同胞无论身处世界上任何角落，只要有需要，他们都能在第一时间向祖国求助，与家人联系。2014 年 3 月 8 日，外交部部长王毅在十二届全国人大二次会议记者会上就"中国的外交政策和对外关系"回答中外记者提问时表示，外交部将在年内建成领事保护与服务全球应急呼叫中心。这一中心的建成和 24 小时的电话热线的开通将极大地推进公民求助机制建设的进展，推动外交部应急机制的完善。2014 年 9 月，中国外交部全球领事保护与服务应急呼叫中心正式启用，呼叫中心热线号码为 12308（备用号码为 59913991）。该热线将全年无休地为海外中国公民提供 24 小时热线救助与咨询。呼叫中心的设立，在海外中国同胞与祖国之间开辟了一条领事保护与服务的绿色通道，使同胞在海外遇到困难时，能在第一时间与祖国取得联系，获得及时、专业的指导和帮助。呼叫中心热线主要用于在海外遭遇突发状况紧急求助，重点在于"领事保护"，核心在于"应急"，同时兼顾常见领保和领事证件咨询服务。该热线增加了中国公民寻求领事保护与协助的选择，并不替代中国驻外使领馆的领保电话和证件咨询电话。

当前，国际互联网络的快速发展与变革为国际信息融通提供了必要条件，由此也创新了国家领事保护路径。因此，我国领事保护工作在保留既有的领保热线电话的基础上，致力于通过打造领保"新媒体矩阵"起到事前预防和事后应急救助的目的。近年来，外交部多次通过多种渠道，如微信、微博、短信、官方网站等积极发布各类安全提醒，并将其按风险程度由低向高划分为"注意安全""谨慎前往"和"暂勿前往"3个级别，同时明确提醒有效期。其所发布的安全提醒涵盖政治动荡、社会治安、恐怖袭击、自然灾害、意外事故、卫生防疫等风险信息，有效预防了各类不必要的安全隐患。

除了2014年9月外交部开通的"12308"外交部全球领事保护与服务应急呼叫热线外，2017年3月，"12308"微信版和小程序正式上线，中国公民除了可以继续拨打"12308"热线，还可以通过微信和小程序发送语音、文字、图片等信息，如果不幸在国外受困又不知身处何方时，只需发送一个定位即可得到帮助。2018年，领保中心又开通了"领事之声"微博，上线了"外交部12308"手机应用客户端，构成了"一网、两微、一端"新媒体方阵。2019年9月，领事保护新媒体矩阵又有了新成员——那就是在年轻人中间十分流行的抖音号。至此，由"中国领事服务网""领事直通车"微信与微博、"外交部12308"手机客户端和抖音构成的领事工作"一网、两微、一端、一抖"新媒体矩阵最终形成。依托"一网、两微、一端、一抖"新媒体方阵，中国公民无论是在全球任意地点，无论是在任何时间，都可以在需要帮助时与外交部取得联系，进一步畅通了中国公民获得外交部和驻外使领馆领事保护与协助的渠道。借助丰富多样的新媒体矩阵，2019 年 4 月 28 日，外交部在 12308 手机客户端开通了掌上"服务大厅"，新增办理护照预约和进度查询、国内领事认证信息查询等功能。截至 2019 年年底，外交部还在 52 个驻外使领馆开通了移动支付，使同胞们可通过微信、支付宝等方式快速支付办理领事证件的费用。与此同时，外交部正式启动了"掌上"领事服务平台建设，建成后将包含手机移动端、互联网端、小程序等多个终端，逐步提供包括护照、公证认证及签证等"掌上"领事服务，实现所有领事证件的电子化办理，打造多平台、立体化、矩阵式的海外领事服务体系，逐步实现各项领事业务"掌上通办"①。

（二）商务部的实施机制

鉴于企业在境外开展的商务活动日益增多和企业海外利益保护的极端重要性，如何为企业境外利益排忧解难成为政府部门最为关心的问题。商务部中国企业境外商务投诉服务中心于 2006 年应运而生。投诉服务中心成立之初主要通过 12335 热线电话、官方网站、书面或电子邮件等渠道，为依法从事对外贸易经营活动的个人及企业提供政策信息服务、民事纠纷咨询服务及投诉受理服务。投诉服务中心服务量逐年攀升；服务渠道也由过去较为单一的 12335 服务热线、书信沟通及来访面谈拓展到互联网服务系统、电子邮件、新媒体互动、国内重点展会现场服务、专家咨询、线上风险培训、外贸人才选拔培养等多位一体的综合

---

① 光明网.外交部：启动"掌上"领事服务平台建设 并提出出境游安全建议 [EB/OL].（2020-01-17）[2022-07-16.] https：//m. gmw. cn/baijia/2020-01/17/1300 884638. html.

模式，并逐渐形成现在的"12335 商务部一站式服务"品牌。为积极响应"一带一路"倡议，助力中国企业顺利拓展海外市场，外交部还于2019 年 1 月 25 日在领事司认证大厅开设了应急服务"绿色通道"，为中国企业海外招投标等重大项目及其他紧急或人道主义需求特事特办、急事急办。企业领事认证"绿色通道"机制为相关企业和人员节省了大量时间和经济成本，是一项较为成功的应急机制创新举措。

（三）地方政府的实施机制

与此同时，相关涉外部委、地方政府和相关企事业单位设置了相应的应急机制，以配合外交部应急方案的进一步实施。有的地方政府（如上海、广东、福建）外事办公室还专门设立了"涉外安全处"，专门负责协助外交部处理涉及海外本省居民的领事案件。2014 年 4 月，北京市人民政府外事办公室正式成立领事保护处，负责牵头、协调和指导北京市涉外突发事件处置和公民、机构境外安全保护工作，配合外交部及驻外使领馆开展境外领事保护。此外，一些地方政府省级以下城市也设立了类似机构，如温州市外办设立了"涉外事务管理处"，以协调处理温州籍中国公民的海外领事保护事件。2011 年 12 月，大连市在全国地级市率先建立起境外安保工作联席会议机制。

除了地方政府自身的领事保护实施机制之外，地方政府还通过在街道、村镇和海外侨民聚居地设立领事保护联络处或联络员，以充实领事工作队伍。作为全国著名侨乡，温州有 70 余万华侨侨居海外 131 个国家和地区。温州市根据侨民"全球分布、地区积聚"特点，按照"成熟一个、设立一个"思路，在温籍华侨人数较多的国家按需、有序推进海外领事服务站建设，并稳妥推进海外领事服务站提质扩面。2013年 9 月 12 日，在著名侨乡文成县玉壶镇成立国内首个基层海外领事保护联络处，经过 7 年试点推广，逐步搭建成市、县（市、区）、乡镇（街道）、村居（社区）、外向型规模企业或国际化程度较高学校、海外侨团或企业园区 6 个层面的基层领保机构。截至 2020 年 7 月，该市不仅成立了全国首个地市级"领事保护协调中心"，还在乡镇（街道）设立了 180 个海外领事保护联络处，覆盖面达 97.8%，在境外侨团中设立了 34 个领事服务站，在村居社区也设立了联络站①。同时，截至 2020 年 11 月，温州市还在 25 个国家和地区建立 50 多个境外领事保护服务站②。境外领事保护服务站能向温州市公民、企业与华侨华人提供领事保护相关信息，第一时间提供力所能及的帮助。例如，2020 年 11 月 25 日，贴着中国国旗的 3060 盒"网红"抗疫中药——连花清瘟胶囊，由温州市人民政府外事办公室捐赠给意大利普拉托温州商会领事保护服务站、法国法华工商联合会领事保护服务站、塞尔维亚温州华人华侨商业协会领事保护服务站。它们被运往欧洲，发给当地有需要的中国公民。

2015 年 12 月 4 日，首批安徽省海外领事保护基层联络组织授牌仪式在安徽歙县举行，首批 3 个联络组织分别是歙县海外领事保护联络处、歙县棠樾村海外领事保护联络点、肥东长临河镇海外领事保护联络点③。

2020 年 11 月 10 日，安徽省海外领事保护进基层系列主题活动——海外领事保护进开发区宣传活动在合肥经开区智能科技园举行。启动仪

---

① 温州市人民政府外事办公室．"关于市政协十一届四次会议第 359 号提案的"答复函[EB/OL]．（2020-07-20）［2020-07-24］．http：//fao. wenzhou. gov. cn/art/2020/07/20/art_122920863 1_3741676. html.

② 温州市人民政府外事办公室．市外办心系境外中国公民 捐赠 3060 盒中成药连花清瘟助抗疫［EB/OL］．（2020-11-26）［2020-11-30］．http：//fao. wenzhou. gov. cn/art/2020/11/26/art_1340418_58918941. html.

③ 环球网．安徽省启动海外领事保护基层联络组织［EB/OL］．（2015-12-05）［2020-05-20］．https：//lx. huanqiu. com/article/9CaKrnJS21V.

式上，与会领导向合肥经开区等 8 个开发区授予"海外领事保护基层联
络处"标牌①。

（四）企业的领保实施机制

为了及时保护企业员工及其经济利益，一些"走出去"的大型企
业也开始建立起一整套应急和协调机制。例如，中石化集团公司就成立
了三级处理境外突发事件的体系。第一级是集团公司的，有应急指挥中
心，还有处理境外突发事件领导小组。第二级是执行境外投资项目、工
程建设、外派工程劳务及设有境外机构的各单位。第三级就是在各驻外
机构（代表处、办事处、公司、项目部）地的项目部②。

（五）领区协调机制

领事保护的实施离不开东道国的支持和配合，外交部门在完善国内
领事保护实施机构的同时，不断完善国外领事保护协调实施机制。国外
领事保护实施机制的完善首先体现在驻外使领馆网络覆盖范围的不断扩
大方面。例如，从党的十八大召开至 2018 年年底，中国在国外新增领
事机构 21 个（包括 19 个总领事馆和 2 个领事办公室），升格领事机构
2 个（分别从领事馆和领事办公室升为总领事馆）③。尽管新增领事机
构为领事保护工作提供了新生力量，但面对日益庞大的领事保护需求，
"领区协调机制"是中国驻外使领馆实施的又一个值得注意的机制创

---

① 王蔚蔚. 安徽海外领事保护进开发区宣传活动在肥举行 [EB/OL]. (2020-11-11)
[2020-11-14]. http://www.hefei.gov.cn/ssxw/zwyw/105570157.html.
② 中国企业和个人海外遇险发生意外后该怎么办 [EB/OL]. (2008-09-01) [2020-
05-21]. http://cn.chinagate.cn/educ ation/2008-09/01/content_16369070_2.htm.
③ 中华人民共和国外交部政策规划司. 中国在外设立领事机构一览表（中国外交·
2019 年版）[M]. 北京：世界知识出版社，2019：392-405.

新，可以有效地保障中国领事保护工作"落地"，真正做到关键时刻"找得到人、说得上话、办得成事"。例如，自 2015 年起，驻刚果（金）使馆与刚外交部建立了有关在刚中国公民和企业安全的联席会议机制，此后几乎每两年就举行一次。2016 年，中国驻巴塞罗那总领馆汤恒说，为了做到在关键时刻"找得到人、说得上话、办得成事"，他在到任不到一年的时间里多次拜会各级警察局，探讨建立由总领馆、当地警方和主要华人社团共同组成的"三方联动机制"，以提升对各类涉华突发事件的处置能力①。自 2016 年起，中国驻津巴布韦使馆与津内政部共同搭建警民年度交流机制，目的是架设旅津华侨华人与津相关执法部门的互动交流平台，为旅津华侨华人营造更为有利的生存发展环境。2019 年，面对日益增多和日趋复杂的涉中国游客和其他公民领保形势，驻清迈总领馆积极主动加强与领区警察、移民、机场、海关、交通、旅游等重点部门的联系，多次召开"领区跨部门领保联席会议"，探讨解决中国游客面临的旅游安全问题。为行政公署、移民、海关、医院、交通等部门先后举办 7 期汉语培训班，从清迈府尹到移民局长等部门负责人和一线工作人员 200 余人次参与培训。培训有效拉近了双方的关系，较好调动相关部门更好地为中国游客提供服务的积极性②。

（六） 自助领保实施机制

南非华人警民合作中心（简称"警民中心"）是由南非各个侨团联合成立并得到中国驻南非大使馆支持的非营利性组织。自 2004 年成

---

① 周喆. 通讯："三道防线"守护海外中国公民的安全——驻巴塞罗那总领馆工作纪实 ［EB/OL］. （2016-06-22）［2020-05-23］. http：//www. rmzxb. com. cn/c/2016-06-22/881140_2. shtml.

② 孙广勇. 中国驻清迈总领馆 2019 年领事保护纪实 ［EB/OL］. （2020-01-19）［2020-05-24］. http：//world. people. com. cn/n1/2020/0119/c1002-31555634. html.

立以来多次配合警方打击针对侨胞的违法犯罪活动，并在南非建立了10 余家省级中心。警民中心的发展史，是侨胞在海外团结奋斗，以更自信姿态融入当地社会的生动写照。除了抢劫等违法犯罪案件，警民中心受理更多的是侨胞求助、投诉，为侨胞提供翻译协助、开展安全防范知识普及，甚至调节侨胞之间和家庭内部的纠纷等①。

"华助中心"是国务院侨办在 2014 年提出的"海外惠侨工程"八大计划之一。国务院侨办支持海外侨团在侨胞聚居城市设立"华助中心"，为侨胞提供紧急救助、融入培训、法律援助、扶贫济困等基本服务。根据中侨网数据，截至 2021 年 7 月，中国已在世界各地设置了 47家华助中心。例如，2016 年年底，巴西圣保罗一华人商场发生严重火灾。170 多家华人店铺和 200 多家仓库被烧毁，财产损失逾 2 亿元人民币。灾情发生后，当地"华助中心"联合圣保罗各大侨团开展募捐，两周时间就筹集善款 300 多万元人民币。可见，华助中心已经成为海外华侨和境外中国公民与中资企业获取支援资助的重要基层渠道。

综上所述，中国已经形成了一个从外交部到地方各级政府涉外部门和驻外使领馆，从政府部门到企事业单位和境外自助组织相互协调配合的应急实施机制，服务于中国境外公民和法人的最基本的领事保护网络基本形成。

二、不足与对策

针对涉外安全事务司的成立，某外交官表示，"在紧急事件发生后都是由各司临时聚会讨论方案，费时费事，而涉外安全事务司就是对这

---

① 林亚茗，卞德龙，黄学佳. 南非华人警民合作中心：为侨胞保驾护航 [EB/OL]. (2019-10-18) [2020-05-28]. https://baijiahao.baidu.com/s? id = 164769665359 5451757&wfr=spider&for=pc.

种情况做出调整，作为一个常设单位来统一协调相关部门应对类似紧急事件"①。而领事保护中心的升级更是为日常领保工作提供了机构保障。再加上其他部委和部分企业的应急机制建设，中国领事保护的应急实施机制已经较为完善。但相较于发达国家的成熟做法，仍有不足之处需要改进。

（一）不足之处

第一，实施机构的凝聚力和向心力不够，各部门各自为政、缺乏相互配合。

第二，领事保护主体过于单一，政府部门之外的社会与市场主体参与不足。

（二）相应对策

1. 国务院各部委应服从并保障外交部统一协调的中心地位，以保障应急实施工作的步调统一

各部委、军队相关部门、地方政府和一些大型国企相关应急机制的建设虽然提升了领事保护应急能力，但鉴于不同部门、不同企业都有政绩动力，难免有架空外交部的中心地位，出现"九龙治水"格局的可能，降低外交部统一协调能力。为此，各部委、军队相关部门、地方政府和一些大型国企应该自觉认识到外交部在统一协调"大领事"格局中的中心地位，并在实际工作中尊重这一地位。为此，国家相关领保法律应明确外交部在各类领保工作中的核心指导地位，赋予其最高统帅

① 新浪网. 外交部新设立涉外安全司保护我国海外利益［EB/OL］.（2004-07-05）［2020-05-30］. https://news.sina.com.cn/c/2004-07-05/11192994025s.shtml.

权，并要求其他部门务必尊重且全力配合外交部的工作。

2. 外交部应该做好"多位一体"的应急协调联动机制建设，保障各方资源的联动共享、高效使用

外交部自身行动能力是领事保护有效开展的关键。其他部委、军队相关部门、地方政府和大型国企的服从固然重要，但外交部自身的能力机制建设更为重要。外交部应建立与相关部委、地方政府以及军队和大型国企的应急联动机制，以统筹配置应急救援组织机构、队伍、装备和物资，共享各方应急资源，优化应急实施方案。外交部副部长宋涛在2011年表示，自2004年部际联席会议机制成立以来，经过不断探索和实践，中国已基本建立了中央、地方、驻外使领馆和企业"四位一体"的境外安全保护工作联动机制[1]。外交部领事司司长黄屏2012年1月在接受人民网强国论坛访谈时还表示形成了中央、地方、企业、驻外使领馆"四位一体"的应急机制[2]，而在2013年2月他在参加人民网"外交·大家谈"访谈时则对此进行了修正，他认为经过多年的实践，中国逐渐形成了中央、地方、驻外使领馆、企业和公民个人"五位一体"的联动机制[3]。在国外具体实施领事保护的同时，东道国的支持和配合极为关键，部分驻外使领馆开始探索建立了"领取协调机制"，将东道国资源和境外社会资源统合起来。可见，随着实践的发展，在应急实施

① 康淼. 中国已基本建立"四位一体"的境外安全保护工作联动机制 [EB/OL]. (2011-05-26) [2020-05-30]. http://news.xinhuanet.com/world/2011-05/26/c_121463244.htm.
② 人民网强国论坛. 外交部领事司司长黄屏谈"中国领事保护工作" [EB/OL]. (2012-01-16) [2020-05-30]. http://fangtan.people.com.cn/GB/147550/16891776.html.
③ 中华人民共和国外交部. 外交部领事司司长黄屏谈中国领事保护工作（外交·大家谈）[EB/OL]. (2013-02-21) [2020-06-01]. http://www.fmprc.gov.cn/mfa_chn/wjbxw_602253/t1015469.shtml.

机制中我们不仅关注中央、地方、驻外使领馆这些政府部门之间的联动协调，而且在积极调动公民个人的参与，这是历史的进步，是外交为民理念的体现。但"五位一体"还远不能充分调动广阔深厚的社会资源和东道国资源，中国应该逐步探索构建中央、地方、驻外使领馆、企业、社会组织、公民个人和东道国"多位一体"的应急协调联动机制。因为社会组织日益成为国际社会影响深远的第三力量，而没有东道国本地资源的支持和配合，领事保护几乎难以顺利实施。

3. 使国内外安保中介服务业成为中国应急性领保机制的重要实施者

私人安保公司在美国海外利益保护中扮演着重要和特殊的角色。美国本土以外，美国私人安保公司无论是从武器装备还是业务范围上，都发展成为一种重要的安保力量。据统计，1991年海湾战争时，每50名美国军事人员中有1名来自私人安保公司；到2003年美军入侵伊拉克时，每10名美国军事人员中就有1名来自私人安保公司。作为"六位一体"联动机制的一部分，中国应该借鉴美国的这一做法，积极引导国内外安保中介服务公司参与领保预防尤其是领保应急救援工作。具体而言，一方面，要支持企业雇用熟悉当地情况且具有当地人脉资源的当地安保公司或安保人员。中国一些大型国企已经在雇用当地安保人员方面具有了一些经验，有的企业雇用的当地安保人员与员工比例甚至高达5∶1到6∶1，保障了企业的安全。另一方面，要鼓励国内安保公司积极"走出去"做大做强。但国内安保公司"走出去"目前还停留在呼吁层次，例如，在2012年"两会"期间，全国政协外事委员会副主任韩方明就希望探讨成立与美国"黑水"公司类似的中国安保公司，让其走出国门承担安全防范任务①，但由于安保公司在海外没有执行法律的权力，目前中国企业和个人主要依靠东道国政府和当地安保力量的保护。

4. 强调中央企业的社会责任

中国的特殊国情决定大型国企应当积极参与应急实施机制建设，担任应急实施机制中最为基层的组成部分。中央企业既是企业又带有国家使命的双重身份属性决定了其在做好自身救援的同时，应当认真履行社会救援的责任，以在当地树立良好形象，便于长期发展。实际上，中国大多企业在长期的海外投资实践过程中已经形成了一套相关应急机制，并在自我保护的同时能够积极提供相关领保信息、协助外交领事部门进行相应的撤侨活动等。例如，中国交建通过侦测风险、评估风险，建立了一套风险识别和侦测的体系，减少了企业自身事故发生概率。同时，该企业在从专业的国际风险咨询公司购买服务后，根据中国交建的业务范围，每天提供世界各地的危险信息。在这些信息的基础上，中国交建海外事业部每月发布一份《海外公共安全形势月报》，列出一类高危国家要求各单位关注。这些不定期发布的风险提示，在要求海外业务单位及境外机构提高警惕、加强安保工作的同时，能够对其他相关海外企业的生产工作起到一定的信息参考和警示作用，体现了国企承担一定社会责任的担当②。

5. 加大地方政府在海外利益保护工作中的作用

① ZHANG H Z. Protection of overseas citizens and assets proposed［EB/OL］. (2012-03-09)［2020-06-02］. http：//www. chinadaily. com. cn/ethnic/china/2012-03/09/content_ 14793164. htm；21 世纪网. 专访全国政协外事委员会副主任韩方明：探讨建立中国的"黑水"［EB/OL］. (2012-03-15)［2020-06-02］. http：//www. 21cbh. com/HTML/2012-3-15/5OMDY5XzQwOTQ5OQ. html.

② 史额黎，金姝妮，季佳慧. 中企"走出去"亟须完善突发事件应急机制［N］. 中国青年报，2015-12-14 (06).

鉴于中国人口大国的现实，中央政府单独领衔庞大境外人口的海外利益保护工作难免人手有限、力不从心。现有外交资源与海外利益保护要求之间出现的供需不平衡危机，要求我们转变领保思路，实现领保主体供给多元化。因此，如果能够积极调动地方政府的积极性，让出境人口多的地方省市积极参加海外利益保护工作，借此来分散中央政府的领保压力，不仅能减轻中央政府负担，又能提升海外利益保护工作的针对性和效率。在实际工作中，这一倡议正在被不断推进着，当前各地方政府对海外领保的贡献主要集中在宣传、预防方面。如 2019 年 7 月，陕西省政府在暑假来临之际由陕西省委外办牵头，联合省文化和旅游厅、省公安厅、省市场监管局、西安市外办等单位举办了"安全文明出境游宣传月"活动。在活动中集中宣介了"外交部 12308 热线"及"领事直通车"等微信公众号二维码，介绍了领事保护知识，并引导出境游客树立领事保护意识，帮助游客知晓理性维权、正确求助的方式方法等。该举措在一定程度上凸显了地方政府的领保贡献，但总的来说该举措未被规范化、法制化，因此未来还要对相关制度继续进行完善。

第五节　领事磋商协调机制建设

领事保护是至少涉及两个国家的外交活动，对于紧急撤侨工作而言，由于时间紧迫，撤离路线、撤离方式选择有限，转运至第三国或借助第三国资源是经常发生的事情。这就要求中国领事保护工作除了做好自身相关机制建设的同时，应积极预先建立或者临时紧急启动领事磋商协调机制，以获得相应的必需的国际资源或国际合作以及东道国的便利。

一、现状与成就

领事磋商是解决国家间人员交往过程中出现的问题、便利人员跨境流动和保护本国公民海外利益的一种有效手段，也是领事工作的重要组成部分，一般由一国领事事务主管机构负责。中国与外国进行的领事磋商通常由外交部牵头，公安部、教育部、商务部、旅游局、国资委等相关部门不同程度参与其中。目前，中外领事磋商多为司局级。在与一些国家举行的外长或副外长级定期外交磋商中，也会包含领事部分。具体而言，领事磋商协调是指通过双边定期磋商、紧急交涉、派出外交部长特别代表或政府工作组等形式，赴事发地点，敦促有关国家采取措施，切实维护海外中国公民合法权益①。迄今为止，中国已与越来越多的国家签署了互免外交、公务签证协定，达成了越来越多的简化签证手续协议。同时，中国正与越来越多的国家建立领事磋商机制，针对的多是欧美、周边和东南亚地区，以及与中国经贸文化交往密切、中国公民相对较多的国家。例如，中国与蒙古国、波兰在 1990 年就确立了定期领事磋商机制，与德国于 2012 年建立了领事磋商机制，而与俄罗斯和美国等经贸往来密切国家经常举办领事磋商。随着"一带一路"倡议的走深走实，中国领事磋商更加聚焦周边、聚焦共建"一带一路"倡议和中国公民前往人数较多的国家，2019 年共与 18 个国家举行领事磋商和会晤，推动解决中外人员往来中出现的各类问题，继续大力开展商谈中外互免签证协定、签证便利化互惠协议或安排，拓宽中国公民"走出去"渠道。同时，中国稳妥推进外国在华设立领事机构，先后与柬埔

---

① 中国领事服务网.外交部领事司副司长魏苇就领事保护问题接受《中国青年报》采访［EB/OL］.（2005-12-28）［2020-06-04］.http://cs.mfa.gov.cn/lsxw/t228 385.htm.

寨、乌拉圭、尼泊尔等15个国家达成在华设领或领事机构升格和领区调整协议。2019年巴拿马驻广州、香港，加纳驻广州，柬埔寨驻海口，蒙古国驻上海总领馆先后开馆。截至2019年年底，中国公民持普通护照可以免签或落地签的形式前往全世界71个国家和地区，这在国际上中等发达程度国家中是件很了不起的事情[1]。自新冠肺炎疫情暴发以来，领事磋商为双边人员往来提供了沟通渠道。例如，2020年7月30日，外交部领事司司长崔爱民与越南外交部领事局局长武越英以视频方式举行了中越第十二轮领事磋商，就疫情常态化背景下加强双边人员往来、助力复工复产等问题友好、坦诚、务实地交换了看法和意见。

自2007年中国外交部领事保护中心成立以来，中国在总结相关撤侨经验教训的基础上，逐步形成了与各国的国际磋商协调机制[2]。领事磋商协调机制在2011年中国从利比亚撤侨行动中就发挥了极其重要的作用，埃及、突尼斯、希腊、马耳他、土耳其、意大利等国在中国的请求下纷纷向中国提供了必要和热情的帮助，在安排邮轮和包机、提供餐饮和住宿以及简化出入境手续等方面提供了尽可能的便利。同时，中国征求了有动用军队撤侨行动经验的欧洲国家（如英国）的意见。虽然这有出于国际人道主义的互帮互助的考虑，但中国驻当地使领馆及时有效的国际领事磋商协调工作是必不可少、功不可没的。

二、不足与对策

近几年，中央和外交部对领事工作的高度重视极大地推动了国际领事磋商工作的进展，但这种重视事实上也折射了中国领事工作起步晚、

---

[1] 中国领事服务网. 领事工作国内媒体吹风会现场实录［EB/OL］.（2020-01-17）［2020-06-03］. http://cs.mfa.gov.cn/gyls/szzc/xgxw/t1733452.shtml.

[2] 钟声. 假如没有强大的祖国［N］. 人民日报，2011-03-01（02）.

经验不足的遗憾。

（一）不足之处

第一，领事磋商协调机制建设仍不成熟，仅集中在双边磋商领域，多边领事磋商层面建设不足。

第二，与他国进行领事磋商谈判的合作国总数低，领事合作的"朋友圈"有限。

（二）相关对策

1. 加快国际领事磋商谈判，争取与世界上绝大多数国家建立起双边领事磋商制度

2019 年 9 月 28 日，外交部部长王毅在纽约中国常驻联合国代表团同基里巴斯共和国总统兼外长马茂签署《中华人民共和国与基里巴斯共和国关于恢复外交关系的联合公报》，决定即日恢复大使级外交关系。至此，同中国有正式外交关系的国家已达到 180 个。截至 2012 年 12 月，中国与 58 个国家建立了领事磋商机制；截至 2018 年，已有 49 国先后与中国缔结了领事条约。总体来看，国际领事磋商成果来之不易，而且相对于 180 个建交国家（截至 2019 年 9 月 28 日）而言，这一数字还远远偏低。为此，中国必须加快国际领事磋商谈判，争取与世界上绝大多数国家建立起双边领事磋商制度，以便利人员往来、更好地维护两国公民和企业合法权益。

2. 积极参与多边领事磋商制度

全球化时代的领事关系不再是单纯的双边领事关系，多边领事关系日益常见和便利。迄今为止，中国参与双边领事磋商日益频繁，但多边领事磋商活动仍较为少见。这既不符合国际领事关系的现实，也不利于

境外安全事件发生时对海外公民利益的切实保护。因此，未来中国要在扩大双边领事磋商的基础上，重点加强多边领事磋商工作，以此来借助多个第三方力量，实现领保阻力最小化。

3. 加强驻在国的国际领事合作

撤侨或重大领事保护案件一旦发生，并不是某个国家而是诸多国家需要面对的问题。这样，各国领事保护工作必然将对东道国有限的资源（如大巴、邮轮等交通工具以及东道国的军队保护等）展开竞争。在2010 年吉尔吉斯斯坦撤侨行动中，中国和欧洲外交官为了尽快获取吉军方护送本国国民到机场的权利，进行了激烈的竞争。欧洲人的撤离与美国和韩国驻比什凯克使馆相互协调，但他们与中国使馆没有类似交流和合作①。这说明，危机发生后，驻在东道国的各国外交官相互合作交流的重要性。为此，除了加强双边领事合作之外，中国应该积极加强与驻在国其他国家外交官信息沟通交流与领事合作工作，以期在危机发生后，能够通过彼此协商、互帮互助来维护双方国家公民生命财产利益。

4. 设立领事保护专家对话机制，积极开展国际领事保护经验交流

在撤侨以及一般性领事保护工作中，各国遇到的情况各异，取得的经验与教训各不相同。而欧美发达国家由于领事保护历史较长，积累了更多经验，具有很多较为成熟的应急方式与机制建设举措。中国应该积极设立国际领事保护经验交流平台，以他山之石攻我国领事保护之玉，在交流借鉴中，不断完善、规范本国领事保护方式。具体而言，中国可以倡议设立领事保护专家对话机制，将各国高级外交官、具体实施领事保护工作的领事官、企业相关人员以及相关学者召集起来，共同交流具体的领事保护原则与操作技巧。

---

① 布罗伊纳，赵晨. 保护在吉尔吉斯斯坦的中国公民——2010 年撤离行动［J］. 国际政治研究，2013（02）：33.

5. 尝试调研委托领事保护机制

在领事保护中，撤侨工作尤其具有特殊性和重要性。如果撤侨工作的时间的紧迫性与地缘遥远相互叠加的话，撤侨将变得遥不可及，客观上加大了撤侨难度和工作量。随着中国境外公民分布扩散性的增加，中国撤侨工作将变得异常复杂。为此，中国必须不断创新工作思路，通过相互帮助，构建一个海外撤侨"朋友圈"，巧妙借助合作国力量，降低工作难度。国家外交、领事保护部门完全可以尝试委托友好第三国帮助撤侨行动或进行一些领事保护的相关工作，这样既可以及时达到领事保护目的，又可以节约相关资源，起到事半功倍的作用。当然，鉴于主权的敏感性，哪些可以委托、如何委托仍然是需要认真和谨慎处理的问题。

第四章

事后善后处理机制评估

    2004 年中国外交部领事司司长罗田广在接受采访时表示，当应急机制启动时，他们需要做三件事：第一要迅速地将案情上报中央；第二要进一步和使馆保持联系，及时掌握最新情况；第三要把信息尽快传达给派出单位的主管部门，让他们也了解情况，了解他们对这个案件的善后处理的一些基本考虑。① 可见，对于一个完整的领事保护机制来说，善后处理应该是一个不可缺少的环节。然而，在领事保护工作中，人们最容易对事发应急处置工作给予重视，对事前预防工作给予理解，但对事后善后处理工作很难给予相应重视。其原因或许在于，事后善后处理工作对普通公众缺乏新闻价值，而对政府工作也缺乏绩效激励动力，因而往往成为人们遗忘的角落。根据《国家突发公共事件总体应急预案》和《中华人民共和国突发事件应对法》，"恢复与重建"这种善后工作是公共事件的应急机制的必要组成部分。这种恢复与重建既包括对伤亡人员的抚恤和理赔，又包括对事件本身的梳理和回顾，以及对经验和教训的总结和吸纳。为此，当境外突发事件产生的威胁和危害得到控制或者消除后，履行统一领导职责或者组织处置突发事件的政府部门应当停止执行应急处置措施，同时进入善后安置阶段并启动善后安置机制，对受到涉外安全事件影响的公民进行善后安置，对引发涉外安全事件的起

---

① 新浪网．我国外交部领事司司长谈中国公民海外安全［EB/OL］．（2004-06-29）［2020-06-07］．http：//news. sina. com. cn/c/2004-06-29/ba3553171. shtml.

因进程、经验教训进行调查评估和总结。根据中国领事保护实践，事后善后处理机制应该包括善后安置和调查评估两个机制。

第一节　善后安置机制

领事保护通常会涉及诸多财产损失与生命伤害事件，面对巨大生命财产损失，领事保护工作必须依据相关法律法规予以补偿、赔偿或者心理疏导，并尽可能发动当地中资企业、公益组织、侨团、个人等多元社会力量，共同协助涉事中国公民及其亲属处理后续安置工作，为涉事公民及其亲属提供更全面高效的善后安排，以快速稳定社会消极情绪，尽可能降低事件带来的负面影响，尤其是要降低对两国正常关系和两国公民正常往来所造成的负面影响。同时在善后过程中应做好相应的工作记录，以便推进事后调研和评估工作，从而有利于从中汲取经验教训，为今后更妥善地处理同类事件，甚至是为提前做好预警工作提供借鉴参考，减少或防止同类社会事件的发生，以促进社会稳定与和谐。

一、现状与成就

关于中国当前在涉外安全事件的善后安置机制建设方面的现状，主要呈现以下特点。

（一）目前关于涉外安全事件的善后安置工作已经自上而下地形成了一定的法规，这些法规对相关善后安置工作做出了初步规定和指示

首先体现在中央和地方政府印发的各类应急预案。2005 年我国印发了《国家涉外突发事件应急预案》。各级地方政府也相继发布了相关

预案，对善后处理工作做了规定。2006 年 1 月 8 日，国务院印发了
《国家突发公共事件总体应急预案》，总体预案要求各单位要积极稳妥、
深入细致地做好善后处置工作。对突发公共事件中的伤亡人员、应急处
置工作人员，以及紧急调集、征用有关单位及个人的物资，要按照规定
给予抚恤、补助或补偿，并提供心理及司法援助。有关部门要做好疫病
防治和环境污染消除工作。保险监管机构督促有关保险机构及时做好有
关单位和个人损失的理赔工作。虽然这一总体预案主要针对的是国内突
发公共事件，但作为突发公共事件的一种特殊类型，境外突发公共事件
同样可以基本适用这一总体应急预案。2006 年 4 月 26 日，国家旅游局、
外交部印发了《中国公民出境旅游突发事件应急预案》，要求"做好旅
游团队回国后的善后工作"。2007 年 11 月 1 日实施的《中华人民共和
国突发事件应对法》，专章对"事后恢复与重建"做了较为详细的规
定。根据这些总体规定和外交部在领事工作中的实践，善后安置工作主
要包括：协助遇难者家属确认遗体；对受难者家属给予抚恤、补助或补
偿，并提供心理及司法援助；帮助企业和个人做好事后理赔工作等。
2018 年 3 月 26 日，外交部公布的《中华人民共和国领事保护与协助工
作条例（草案）》（征求意见稿）也根据中国公民、法人和非法人组织
遇到的不同情况进行了相关具体规定。领事司作为外交部内的一个职能
部门，长期处理这些工作，具有一定的专业知识和外交资源，他们的建
议和意见能够帮助和协调企业与个人更好地处理好善后工作。

　　其次，除了中央和地方政府出台的相关规定，驻外使领馆也发布了
许多相关的善后工作指南，如 2017 年 11 月 16 日，中国驻洛杉矶总领
馆在其官网上发布了关于死亡善后的具体程序指南，其内容详细清晰，
包括涉及尸检丧葬、骨灰运送、遗体运送、死亡证明的详细办理流程，
当地规定以及各类特殊注意事项。在"其他事项"一栏中，也列明了

领馆可提供的有限协助，主要包括六点：一是协助死者亲属催办签证，但是否颁发签证仍由美国驻华使馆决定；二是亲属委托当地亲友处置遗体时，如需书面委托，美驻华使领馆可提供认证；三是如对死因有疑问，领事官员可协助当事人亲属向当地司法部门转交书面意见，但不能对死因进行调查；四是如死亡涉及刑事犯罪并已在当地提起诉讼，但对庭审情况或判决结果不满时，领事官员在当地法律允许的情况下，可应亲属请求旁听庭审，转达亲属意见，但不能代替亲属出庭；五是关于死者后事处理的相关决定均应由亲属做出并自行承担责任，死者亲属如来美处理后事，应承担所有相关费用，通常包括但不仅限于以下，亲属来美签证、国际旅费、食宿、交通费、翻译费（如选择）、律师费（如选择）、死者丧葬费、骨灰或遗体运送费、死亡证明等办证费用等；六是提醒亲属，长期不处理遗体时当地有关部门可能根据当地法律规定，在一定期限内自行处理遗体（如埋葬或火化)①。

（二）中国涉外社会事件的善后安置工作逐渐呈现主体多元化的特点

政府不再是提供善后服务的唯一主体，大量企业、社会团体和公民个人的参与壮大了涉外事件的善后安置力量，能够为海外公民提供更精准全面的善后公共产品。例如，2018 年 7 月 5 日，泰国普吉岛游船倾覆事故发生后，首先在中央及部委层面，习近平主席和李克强总理相继作出重要指示，要求有关方面加大工作力度；外交部、文化和旅游部、交通运输部都提供了一定的人力物力，以全力配合泰方的搜救、善后工作。在驻外使馆层面，中国驻泰国使馆临时代办紧急向泰方提出交涉，

---

① 中华人民共和国驻洛杉矶总领事馆．死亡善后程序［EB/OL］．（2017 - 11 - 16)［2020 - 06 - 08］．http：//losangeles. china - consulate. org/chn/lbqw/lqzt/swsh/t1511433. htm.

泰救援指挥部随即分组负责遗体身份确认、安抚伤员家属、信息发布、设立接待中心等善后工作。除政府和驻泰使馆积极安排善后安置工作外，大量社会力量也纷纷参与善后工作。当地华助中心成员在机场的家属服务中心为家属开展志愿服务；在医院帮助家属登记资料；在家属处理文件和后事的过程中协助使领馆做认证文件工作，并安抚家属①。此外，春秋旅游、东方航空等航空公司第一时间启动绿色通道，提供24小时救助电话以及免费改签等服务。中国平安保险股份有限公司成立应急工作小组，紧急出台多项应急救援措施和理赔绿色通道，第一时间开通95511海外急难援助服务，向出险客户提供多项海外紧急救援项目，包括联合救援公司开通绿色通道，为事件出险客户免单证、向医院发担保函和急速垫付医疗费等。② 而在斯里兰卡2019年4月21日特大爆炸袭击事件中，青岛市派遣两位医务工作者前往斯里兰卡提供专业心理干预和医疗救护③，中国驻斯里兰卡大使馆组织当地侨团——斯里兰卡侨界和中资企业中国电建集团驻斯机构的志愿者对伤员进行看护照料，④也很好地体现了当前在善后工作中多元主体参与的特点。2018年外交部公布的《中华人民共和国领事保护与协助工作条例（草案）》（征求

① 崔沂蒙. 我们家属有什么难处他们都帮着积极解决——记参与普吉海难救援的中泰志愿者［EB/OL］.（2018-07-14）［2020-06-10］. http：//news. cri. cn/2018 0714/b3ac6e44-3899-c187-9b53-4491ada8c2ba. html.

② 王映薇. 中国平安快速响应泰国普吉岛海域游船倾覆事故［EB/OL］.（2018-07-09）［2020-06-15］. http：//js. cri. cn/20180709/61b4c5ff-e643-9a42-a2f5-46ca30 fd6b9f. html.

③ 山东卫生新闻网. 青岛市两位医务工作者完成斯里兰卡爆炸事件医疗救护工作返青［EB/OL］.（2019-05-07）［2020-06-18］. http：//www. sdwsnews. com. cn/a/tup ian/2019/0507/26803. html.

④ 中华人民共和国外交部网站. 驻斯里兰卡使馆举办"4·21事件善后工作总结座谈会"［EB/OL］.（2019-06-01）［2020-06-18］. https：//www. fmprc. gov. cn/zwbd_ 673032/jghd_673046/201906/t20190601_7443249. shtml.

意见稿）除了对驻外外交机构、驻外外交人员相关领事权利、义务进行规定之外，还对派出单位及地方人民政府责任的领事保护权利、义务进行了相应规定。

主体多元化特点的出现一方面反映了中国的领事保护格局和体制逐步从政府单一主导发展为中央、地方、驻外使领馆和企业"四位一体"（2011年），再到中央、地方、驻外使领馆、企业和公民个人"五位一体"（2012年）的大领事格局和综合保护体系①，体现了中国领事保护力量的有力组织和动员；另一方面体现了中国官民以及广大华人华侨的凝聚力。多元主体的共同参与不仅有利于善后安置工作的全面化、精准化和专业化，还能有效降低官方领事保护对人力和物力的成本投入，从而更有利于实现中国海外领事保护事业的可持续性发展。

二、不足与对策

虽然《国家涉外突发事件应急预案》《国家突发公共事件总体应急预案》《中华人民共和国突发事件应对法》和《中华人民共和国领事保护与协助工作条例（草案）》对相关善后工作做了规定，但由于种种原因，善后工作并没有真正得到相关政府部门、企事业单位的应有重视，相关部门对善后处置工作的消息公布通常只是一笔带过，缺乏对详细工作记录的披露。

（一）要高度重视善后处置工作的重要性

善后工作看似不紧急，却关系受难者家属的利益及其对政府的认知和评价，一次完善的善后工作不仅能够顺利消除突发公共事件的社会负

---

① 黎海波. 中国领事保护可持续发展探析［J］. 现代国际关系, 2016（06）: 9-14.

面影响，而且可以提升政府的公信力和社会形象，增强社会凝聚力。为此，各级政府、企事业单位必须高度重视此项工作。

（二）加强相关立法，要制度化、程序化善后处置机制程序

目前，关于中国公民涉外安全事件善后安置工作没有形成独立专门的法律法规，更没有形成相应的法律体系和框架，现有的部分预案法律层级较低且仅对工作宗旨和大致内容进行说明，缺乏对善后工作程序、工作人员的类型及其规模、经费安排等相关事宜的详细规定。在实际工作中，善后处置程序的任意性往往容易导致工作的遗漏，从而造成不必要的误解或麻烦，只有制度化、程序化的处置程序既能保障工作万无一失，又能消除受损者和受难者家属不必要的担心，保障善后工作的顺利开展。为此，涉外部门应该对善后工作程序进行更为详细的规定，而不能"点到为止"。因此，设立和不断在实践经验中完善专项法律法规、制度章程，使善后安置工作有法可依、有规可循是非常必要的。

（三）完善领事保护组织架构，增设善后工作专项小组

相较于中国依靠单一的领事保护中心，统管中国公民一应海外安全事宜，美国领事事务局内部分工细致明确，其设有海外公民服务处（Directorate of Overseas Citizens Services，DOCS），服务处又下设三个部门：其一是美国公民服务与危机管理办公室（American Citizen Services and Crisis Management，ACSCM），主要为海外公民及其亲友在处理死亡、逮捕、疾病、受伤等事件时提供帮助，在危机时期负责撤离美国公民；其二是儿童问题办公室（Children's Issues，CI），主要负责处理国际儿童绑架和跨国收养问题；其三是法律事务办公室（Legal Affairs，LA），主要负责为美国海外公民服务处相关项目提供法律和技术支持，

其主要工作是制定政策，项目分析与计划，为起诉、立法、签订条约提供建议。[①] 中国方面可以借鉴美国，按照不同的涉外社会事件或同类社会事件的不同方面，对中国涉外事件或其善后工作的几大重点任务进行分类，并据此进行若干部门或小组划分，每部分安排相应专家或专业培训人员开展工作。例如，在非洲、拉丁美洲，中国公民涉及的社会事件很大一部分涉及生命财产安全，一旦发生，后果较为严重，因此可以在善后工作队伍中适当增加医务工作者、法律从业者、安全风险评估师等。这样不仅能够提升善后工作的专业性和全面性，由于多部门的共同协作与有效分工，还能加快涉外安全事件的善后速度，从而尽可能降低涉外安全事件造成的负面影响。

（四）对不同国家或地区的安全状况和善后服务需求进行分类和评级，按需安排善后工作团队和资源

需要明确的是，不同国家或地区的国情与安全状况大为不同，中国海外公民在不同国家或地区主要面临的涉外安全事件的类型、安全风险的级别以及对善后服务的需求也不尽相同，如果驻外使领馆按照统一的人员配给和制度章程进行善后资源配置，那么相关善后工作很可能是低效的。应该定期对中国公民的海外安全状况、安全风险和善后服务需求进行全面调查和评估，对不同国家或地区的安全状况进行分类和评级，根据不同的类别给出相应的人员配给，根据不同的安全级别配备相应规模的人员、物资和援助，根据不同的善后服务需求以及当地的特殊习俗、法律状况等制定相应的善后工作制度章程，并且根据安全状况与善后服务需求评估的定期更新和实际状况的变化进行相应的调整，使善后

---

① 卢文刚，黎舒菡. 中美海外公民领事保护比较研究——基于应急管理生命周期理论的视角 [J]. 社会主义研究，2015（02）：163-172.

治理产品的供应能够适应和满足中国海外公民在不同国家和地区发生安全事件后的善后服务需求。同时，这将使善后工作治理更加具有针对性，能在一定程度上节省善后工作资源，尤其是随着海外中国公民的大幅增加而变得日益紧张的人力和物力等。

（五）协调好多元主体之间的善后安置工作，充分利用海外社会资源

一方面，尽管中国目前已逐步形成"五位一体"的大领事格局，但对地方、企业和公民个人积极性的调动不够充分，此外，还缺乏对媒体、社会组织以及（安保、救援、保险等）市场等的关注和重视。① 红十字会、当地侨社、慈善机构、基金会、志愿者组织、行业协会、安保公司、宗教组织、保险公司等都是可组织调动的社会力量，政府应鼓励其参与到领事保护与服务中，切实建立一个政府主导、多元参与、相互补充、分工合作的领事保护制度②。当地华人华侨没有语言障碍，对当地风俗、法律等较为熟悉，在当地拥有一定的社会关系，并且对中国存有千丝万缕的情感联系，中国在海外拥有庞大的侨胞规模，因此海外华人华侨应成为中国涉外事件善后工作中非常重要的资源，不少国家也已经将海外侨胞纳入国家领事保护团队和体系中。

另一方面，政府需注意协调好各主体之间的关系，与各社会力量建立常态化联系，将政府对相应社会资源的调动及各主体间的合作程序规范化，使得各主体能够在合法有序的环境中进行相互配合、相互补充，充分发挥其社会作用和效应，有效整合政府与非政府资源。

---

① 黎海波.中国领事保护可持续发展探析［J］.现代国际关系，2016（06）：9-14.
② 卢文刚，黎舒菡.中美海外公民领事保护比较研究——基于应急管理生命周期理论的视角［J］.社会主义研究，2015（02）：163-172.

第二节 调查评估机制

如果说安置是对已经发生的涉外安全事件的物质善后,那么,调查评估就是对已经发生的涉外安全事件的精神善后,即通过总结经验吸取教训以提高下次领保工作效益,防止类似事件的再次发生,这也可以说是善后工作的最高境界。

一、现状与成就

当前,对涉外安全事件处理的调查评估工作已经引起了中央政府一定的重视,首先体现在政府颁布的部分法律文件对该工作的强调上。2006年1月8日,国务院印发的《国家突发公共事件总体应急预案》提出要对特别重大突发公共事件的起因、性质、影响、责任、经验教训和恢复重建等问题进行调查评估。2006年4月26日,国家旅游局、外交部印发了《中国公民出境旅游突发事件应急预案》,要求在后期处置中应"提交事件处理报告"。2007年11月1日实施的《中华人民共和国突发事件应对法》,对调查评估机制做了规定,要求履行统一领导职责的人民政府应当及时查明突发事件的发生经过和原因,总结突发事件应急处置工作的经验教训,制定改进措施,并向上一级人民政府报告。可见,对突发公共事件的评估与总结已经基本制度化,这为防止类似事件的再次发生或者类似事件再次发生后的高效处理提供了制度保障。

在具体执行中,部分驻外使领馆较好地贯彻落实了上述文件的指导精神,如2019年驻斯里兰卡使馆在斯里兰卡"4·21"特大恐袭事件后举办了善后工作总结座谈会,对斯里兰卡侨界、中资企业以及参与安置工作的志愿者表示了感谢。① 其后，大使程学源也率队前往事发地尼甘布进行实地调研，详细了解 4 月 21 日当天恐袭情况及当地应对工作，协助恢复中国公民前往斯里兰卡旅游的信心②。

二、不足与对策

《中华人民共和国领事保护与协助工作条例（草案）》尽管对领保案件发生后的处理做了较为全面的规定，但并不涉及事后评估的相关规定。目前，中国领事保护中，对善后工作的反省和评估还没有得到应有的关注和重视，尽管在中国各驻外使领馆的网站上对每一涉外社会事件处理工作的报道频次较多，信息公布较为及时，但对涉外事件善后工作新闻发布的内容大多仅限于简要总结和表彰，并且严重缺乏对整体善后工作的分析，没有整理出工作中值得沿用和借鉴的部分，以及工作中需要改进和完善的部分。这主要是源于对评估工作的轻视，导致其没有实现常态化、制度化、规范化。另外，善后工作经常缺乏对效果和收益的评估，并且往往只注重成果，而不计成本，导致政府有限的善后服务供给与海外公民不断发展的庞大的善后服务需求之间的矛盾日益紧张，尽管相关工作人员超负荷工作、资源供给屡屡超出预算，仍然难以满足需求，更难以实现领事保护发展的可持续性。

---

① 中华人民共和国驻斯里兰卡民主社会主义共和国大使馆．驻斯里兰卡使馆举办"4·21 事件善后工作总结座谈会" [EB/OL]．（2019-06-01）[2020-06-20]．http://lk. china-embassy. org/chn/xwdt/t1668683. htm.

② 中华人民共和国驻斯里兰卡民主社会主义共和国大使馆．程学源大使率队赴斯里兰卡"4·21"特大恐怖袭击事件事发地尼甘布进行实地调研 [EB/OL]．（2019-07-09）[2020-06-21]．http://lk. china-embassy. org/chn/xwdt/t1679871. htm.

（一）避免一事一议，总结评估机制必须实现常态化、制度化、规范化

一旦发生涉外安全事件，虽然从外交官到学者再到企业管理人员和普通公众都会从各个方面进行事故分析和总结，虽然国家层面的制度规定也为领事保护事后评估总结机制建设提供了基本的法律依据，但外交制度层面的评估总结机制似乎没有受到足够重视并被有效地建设起来，相关评估总结工作仍然停留在一事一议层面上。缺乏常态化、制度化的总结评估机制使得上级部门难以把握善后工作完成的质量，缺乏总结评估工作的规范化标准，导致难以将同类涉外事件之间和相近地区涉外事件之间的善后处理工作进行对比和经验借鉴，难以对大量涉外事件进行统一的大数据分析，从而难以评估中国海外安全现状和中国海外公民涉外事件善后服务需求，难以促进善后工作的可持续发展。

（二）重塑领保观念，同等重视事后评估总结工作，提高其透明度

仔细阅读近几年外交部领事司官员的领保采访可以发现，他们谈论较多的是领保案件本身、事前预防、应急处理，而对善后安排机制及其成效基本没有涉及或者一提而过。为此，中国必须重塑领保观念，将事后评估工作纳入领事保护体系中。另外，政府目前对善后工作内容的总结和完成质量的评估不仅较少对外公布，而且其内容比较有限，缺少对工作完成的速度、其中动员的社会力量及其规模、社会负面影响的持续时间和强度（如当事人及其家属的损失、对中国公民前往当地旅游的影响等）、本次工作的成本与收益等的评估分析。政府可以通过提高事后评估总结工作的透明度和曝光率，让社会舆情和人民大众成为重要的监督力量，也可以通过设立相应监管部门，对涉外安全事件处理工作的评估进行整理总结，监督制度程序的合规执行，确保善后安置工作完成

后的反省工作能够到位。

（二）效果评估应该注重反思，加入成本效益分析视角

　　在现有体制下，尤其是官方的评估工作，突出成绩的多，反思不足的少；强调收益的多，评估代价的少。比如，在长达 12 天的"利比亚撤离"救援活动中，共撤出 35860 人，中国政府协调派出 91 架（次）民航包机、12 架（次）军机、5 艘货轮、1 艘护卫舰，租用 35 架（次）外国包机、11 艘（次）外籍游轮和 100 余班（次）客车①。尽管近年来中国在领事保护中，尤其是在类似于利比亚大撤侨活动中取得了举世瞩目的成就，尽管官方没有公布此次救援确切的财政支出数目，但从成本收益的角度考量，这种海、陆、空联动的大规模撤侨行动所投入的成本和所消耗的资源必定是庞大的，当年的外交应急预算几乎耗尽，这就很难应对海外安全风险多点爆发或持续爆发的情况，难以实现可持续发展。所以，缺乏反思精神的评估工作对于工作的改进作用必然是有限的，容易使我们的领事工作"好了伤疤忘了疼"。因此，我们在对公共事件进行评估总结的时候，既要注重情感形象，也要注重理性反思；既要讲国家大义，也要讲成本效益。

---

　　① 新华社. 中国撤离在利比亚人员行动圆满结束［EB/OL］.（2011-03-06）［2020-06-22］. http：//www. gov. cn/jrzg/2011-03/06/content_1817344. htm.

第五章

后勤保障机制评估

领事服务，尤其是像利比亚撤侨救援活动这种通过陆、海、空联动才能完成的领事保护任务需要坚实的人财物后勤保障才能顺利实现。就领事保护后勤保障机制而言，经费保障机制与人力资源保障机制是两个关键的机制，属于领事保护机制的后勤保障。

第一节　经费保障机制

《中国领事保护和协助指南》（2018 年版）规定：驻外使领馆开展的领事保护与协助工作不收取任何费用，但是在接受领事官员帮助期间，食宿、交通、通信、保险、医疗、诉讼、办理证件等费用由个人承担。2018 年公布的《中华人民共和国领事保护与协助工作条例（草案）》第 21 条明确规定，中国公民、法人和非法人组织获得领事保护与协助的，应当自行承担其食宿、交通、通信、医疗、诉讼费用及其他应由个人承担的费用；第 29 条明确规定，在外国的中国法人和非法人组织，应当根据所在国的安全状况，建立健全安全保护内部防范和应急处置机制，完善突发事件应急预案，落实所需经费。尽管个人费用个人承担，尽管境外法人与非法人组织应该投入相关费用，但海外领保仍然需要政府投入大量的人力、物力和财力方可正常开展，这一切有赖于政府的经费投入。海外撤侨是国籍国在迫不得已的情况下采取的最后措施，在必要的时候国籍国得派遣飞机或者舰船将本国侨民接回国，这必然将产生大笔费用。例如，参与 2011 年利比亚撤侨行动的外交官向媒体透露，"租用飞机的钱是一个天文数字"①。其实，不仅撤侨花费巨大，即使是日常的领事保护工作也需要花费巨大的费用并投入诸多的人力资源。长期以来，"经费不足一直是中国政府在保护海外公民安全方面所面临的难题之一"②。2021 年 11 月 19 日，国家主席习近平在第三次"一带一路"建设座谈会上指出："要统筹推进疫情防控和共建'一带一路'合作……着力保障用工需求、人员倒班回国、物资供应、资金支持等。"③ 显然，领事保护经费必须以一定的制度化机制予以保障，而不能继续目前的一事一议或临时筹款机制。

一、现状与成就

（一）企业备用金制度

基于中国国情，由于早期出国人员较多的是企业派出人员，企业备用金制度事实上就成为中国领事保护最基本的经费保障机制。2001 年 11 月 27 日对外贸易经济合作部、财政部公布了《对外劳务合作备用金暂行办法》（外经贸部、财政部〔2001〕第 7 号令）（以下简称《办

---

① 夏莉萍. 海外撤离与大国外交［J］. 人民论坛，2011（07）：42-43.

② 夏莉萍. 中国政府在保护海外中国公民安全方面的制度化变革及原因初探［J］. 国际论坛，2009（01）：34-40.

③ 新华网. 习近平在第三次"一带一路"建设座谈会上强调 以高标准可持续惠民生为目标 继续推动共建"一带一路"高质量发展 韩正主持［EB/OL］.（2021-11-19）［2021-11-19］. http：//www. news. cn/politics/leaders/2021-11/19/c_11280 81486. htm.

法》）并于 2002 年 1 月 1 日生效，《办法》规定对外经济合作企业实行对外劳务合作备用金制度。凡是经营向境外派遣各类劳务人员的企业以及向境外派遣相关行业（某一具体行业）所需的劳务人员的企业需缴纳备用金。其中，前者需缴纳 100 万元人民币，后者需缴纳 20 万元人民币。当企业无力支付因突发事件造成外派劳务人员须即刻回国而发生的遣返费用时，可动用该企业的备用金进行支付。并且要求企业在接到动用备用金的通知后，需在两个月内将备用金全额补齐。2003 年 11 月 1 日商务部颁布关于修改《办法》的决定，进一步明确对外劳务合作备用金的使用范围与缴纳方式①。在对外经济贸易部与国家经济贸易委员会内负责贸易的部门合并成商务部后，2003 年 11 月 1 日商务部颁布了《关于修改〈对外劳务合作备用金暂行办法〉的决定》，进一步明确对外劳务合作备用金的缴纳方式与使用范围，允许企业凭借银行担保缴纳备用金；并且除了发生突发事件，当企业无力或拒绝赔偿劳务人员损失时，可以动用备用金。2008 年 5 月 7 日国务院第 8 次常务会议通过并于当年 9 月 1 日生效的《对外承包工程管理条例》（国务院令第 527 号）进一步扩充了备用金的使用范围，规定备用金用于支付对外承包工程的单位拒绝承担或者无力承担的三项费用：外派人员的报酬；因发生突发事件，外派人员回国或者接受其他紧急救助所需费用；依法应当对外派人员的损失进行赔偿所需费用。另外，该条例要求对外承包工程的单位"应当有专门的安全管理机构和人员，负责保护外派人员的人身和财产安全，并根据所承包工程项目的具体情况，制定保护外派人员人身和财产安全的方案，落实所需经费""应当为外派人员购买境外人

---

① 中华人民共和国商务部. 商务部颁布关于修改《对外劳务合作备用金暂行办法》的决定［EB/OL］. （2003-11-01）［2020-06-23］. http：//www. mofcom. gov. cn/article/swfg/swfgbi/201101/20110107350782. shtml.

身意外伤害保险"。企业备用金制度为"走出去"的企业员工在遭遇危急事件时提供了基本经费保障。2012 年 6 月 11 日，国务院出台的《对外劳务合作管理条例》（国务院令第 620 号）重申了上述内容。2014 年 7 月 23 日，商务部、财政部将《对外劳务合作备用金暂行办法》废止，并推出《对外劳务合作风险处置备用金管理办法（试行）》（商务部、财政部令〔2014〕第 2 号），将对外劳务合作企业备用金缴纳数目由 100 万元增加至 300 万元，而对外承包工程企业备用金缴存标准暂定为 20 万元，并且要求企业审批成功后 5 个工作日内缴纳备用金，大大缩短了缴存期限。另外规定，缴存备用金的对外劳务合作企业名单将会向社会公布，《对外劳务合作管理条例》第 10 条中备用金的使用步骤也进一步细化。2017 年 9 月 14 日公布的《商务部关于废止和修改部分规章的决定》（商务部令〔2017〕第 3 号），将对外承包工程企业备用金缴存标准增至 300 万元。

总结起来，早期的备用金制度较为宽松，曾设置不少减免条件，备用金缴纳标准相对较低，并且缴纳备用金的宽限期相对较长，体现了政府对对外经济合作的大力支持。但随着中国对外劳务和工程承包的快速发展，以及领保任务与领保费用的日益增加，备用金缴纳条件收紧，不仅数目大幅增加，而且缴纳备用金的宽限期明显缩短（企业获批之日起 5 个工作日以内），不再设置减免优惠，备用金的使用范围也日益明确、细化，这在一定程度上更充分地保障了出国务工人员的合法权益。

（二）国家财政的大力投入

由于领事服务是国家非营利行政行为，又直接关系人民群众的利益，因此通过国家财政投入足够的领保经费就成为领保机制成功的关键。由于改革开放前领事保护案件很少，偶有领事保护问题，如 1960

年从印尼的撤侨费用就直接由中央特批。改革开放后尽管出国人员和海外投资不断增加,但基本上在 2005 年以前,中国领事保护并无专项经费,常常是领导批示,特事特办,然后由中央财政单独拨款。2004 年年底,外交部领事司司长罗田广在接受媒体采访时表示:"领事保护机制的运行离不开一个最根本的'钱'。在过去,经费问题并不突出,因为以前一年中发生不了几起重大案件。但现在形势发展太快,涉及中国境外人员和机构的恶性、突发性案件空前增多,外交部和驻外使领馆向遭遇困难的海外中国公民提供协助时,确实遇到了经费短缺的困难。因此,外交部有关部门提出,为了切实做好保护工作,并结合国际惯例,中国政府有必要设立领事保护专项经费。"① 为此,罗田广在几天之后的采访中表示,政府将加大对领事服务的投入,采取措施保证领事服务能在较高水平上维持和运转,如改善驻外使领馆的接待环境、加紧培训领事专业人才和增聘当地外籍雇员②。从 2005 年 12 月开始,财政部为外交部设立了"领事保护专项经费",这是中华人民共和国成立以来首次为保护海外公民而设立的专门经费。在地方一级政府,一些对外交流比较活跃的地方省市,如广东、福建等省,也积极摸索经费保障新思路,采取省财政预支补助、高危行业强制保险和渔业部门行业互助等方式,多方筹措资金,保证相关突发事件处理得及时、顺畅③。不过地方政府基于各自财力和重视情况的不同,领事保护经费投入差距较大,像

---

① 廖雅猛,葛冲,黎艺玮.港报:中国领事保护"三板斧"应对涉外危机 [EB/OL].(2004-12-08) [2020-06-25].http://www.chinanews.com/news/2004/2004-12-08/26/514541.shtml.

② 程云杰.外交部领事司司长:2005 年中国领事保护重在制度建设 [EB/OL].(2004-12-17) [2020-06-25].http://news.xinhuanet.com/world/2004/12/17/content_2349812.htm.

③ 夏莉萍.中国政府在保护海外中国公民安全方面的制度化变革及原因初探 [J].国际论坛,2009 (01):34-40.

北京、上海、广州等大城市及其他沿海经济比较发达的地区等经费投入远比边远和内陆省份多得多。一些省份明确规定了领事保护经费等来源，如四川省海外安全保护工作专项经费自 2012 年财政年度起列入四川省财政常年预算①。

尽管领事保护经费还没有明确的统一规定，但相关费用基本由国家财政负担已成惯例，如在 2006 年黎巴嫩撤侨行动中，对于从陆路撤至叙利亚的侨胞，中国驻叙使馆在办理出入境手续、代订旅馆和机票等方面尽全力提供协助。按照国际上一般做法，撤侨至第三国后所发生的交通、住宿费用均由个人承担。而中国驻叙使馆在协助侨胞撤离过程中未收取任何费用②。在花费更多的 2011 年利比亚大撤侨行动和 2016 年也门撤侨行动中，相关费用也完全由政府一力承担，不但没有向被援助公民收取交通费用，政府还提供了高标准的饭食③。虽然世界上不少发达国家在撤侨时有向个人收费的做法，但中国在撤侨实践中还没有这样做。中国在撤侨过程中，不仅政府提供的交通工具不向个人收费，而且在将侨民转运至第三国后所发生的交通、住宿费用也没有向中国公民收取。尽管后续撤侨逐渐开始采用商业模式，但中国的特殊国情和中国强大的国力造就了"政府包干式"的经费保障机制，这为中国领事保护工作提供了最坚实的后勤保障。

（三）企业安保投入

企业是海外公民的主要直接管理方，除了政府部门需要积极投入更

① 王铮. 四川省完善公民海外安全保护工作的对策分析［D］. 成都：西南财经大学，2012：18-19.
② 保护海外中国公民合法权益——外交部领事司负责人谈从黎巴嫩撤侨［N］. 人民日报，2006-07-26（06）.
③ 戴玉. 也门撤侨报道中的"正能量"［J］. 南风窗，2015（08）：15.

多经费保障外，积极督促企业加大安保经费投入或筹措工作可以有效地减轻国家财政负担，也可能是效率更高的解决办法。2011 年外交部推出的《中国企业海外安全风险防范指南》就对企业加大安保经费投入或筹措工作做了详细规定。该指南要求企业应该做到：其一，储备急救药品、人员转移和撤离所需的交通工具、手电、地图、指南针、足够至少 15 日使用的食物和饮用水等应急物资和资金；其二，加大对通信设备的投入，在各驻外机构和项目营地设立 24 小时值班电话，为在通信条件较差、环境恶劣地区的驻外机构和项目营地配备海事卫星电话，确保信息畅通；其三，及时为外派员工购买境外安全保险，减少后顾之忧，提高企业和员工的抗风险能力；其四，充分利用第三方资源，即利用安保公司、保险公司、中介机构、国际组织等资源，通过参加保险、外包或成为国际 SOS 救援中心会员等方式，将海外政治风险防范工作交由专业权威机构负责实施和保障，接受 24 小时不间断的安全援助。正是在政府部门的敦促下，一些企业（主要是国有企业）给在海外工作的员工买了保险或加入了国际 SOS 救援中心，一旦海外人员受伤，能够积极利用国际企业、跨国集团这种方式来处理。这些做法与国际更接轨①。

目前，中国许多大型国企在海外高风险国家拥有不少工程项目和庞大的员工队伍，如中国石油天然气集团公司在全球 37 个国家经营 95 个油气项目，海外石油工程技术服务队伍在 72 个国家开展服务，海外项目现有中方员工 17000 多人，外籍雇员超过 9 万人。为满足庞大的安保需求，中石油明确提出，在高风险国家的项目安保投入比例应达到投资额或合同额的 3%~5%，而中石油在伊拉克项目的安保投入最高达项目

---

① 沈国放，魏苇，刘民强，等. 企业和个人，海外遇事怎么办 [J]. 世界知识，2008
  (17)：22.

合同额的 20%①。除了保障安保投入之外，中石油还寻求多方支援，尤其是第三方资源来增强安保力量，如中石油在伊拉克的哈法亚油田项目不仅仰仗伊拉克政府的安全部队，还向伊拉克政府申请到 200 多名石油警察，同时雇用英国的厄里倪斯公司（Erinys）和中国的北京冠安安防技术开发公司等私营安保公司的安保队伍②。

二、不足与对策

关于费用，2018 年公布的《中华人民共和国领事保护与协助工作条例（草案）》（征求意见稿）做了一些原则规定。但相较于国际社会成熟的做法，中国现行经费保障机制仍有可以改进的地方。

（一）明确救济原则与范围，厘清国家、企业和个人的各自责任，建立"领事保护专项基金"，明确费用承担主体、方式与比例，并加大经费投入

关于领事保护和撤侨费用，国际上一般的做法是，除了政府派遣或者租用的运输工具不向个人收费外，其他一切因为撤离所引起的费用，原则上应该由当事人承担。因此，相较于国际上一些通行做法，中国经费保障方式带有更鲜明的"政府色彩"，这种"大包干式"做法虽然能够有效解除海外中国公民的后顾之忧，但难免有"责任不清、吃大锅饭"之嫌，将使公民安全意识减弱，加大政府财政负担，不是长久之计。当利比亚和也门撤侨救援行动在 2018 年被拍成电影《战狼 2》和

---

① 贾璇. 中资企业已覆盖全球 160 多个国家，中企海外安保需要多少"冷锋"［J］. 中国经济周刊，2017（34）：65-67.
② 白彦锋，崔芮."大国财政"让企业"大胆地走出去"［J］. 经济与管理评论，2016（05）：95-99.

《红海行动》之后，92 亿票房不仅催生了中国民众无限的民族自豪感，也催生了境外中国公民对政府领事保护的无底线依赖心理。2018 年公布的《中华人民共和国领事保护与协助工作条例（草案）》第 21 条明确规定：中国公民、法人和非法人组织获得领事保护与协助的，应当自行承担其食宿、交通、通信、医疗、诉讼费用及其他应由个人承担的费用；第 29 条也要求境外法人与非法人组织要落实相关费用。显然，这是改变之前那种"政府包干式"做法的良好开始。为此，为了有效使用国家财政资源，外交部门应该明确界定救济原则与范围，对不同情况不同类型的撤侨方式进行研究分类，建立"领事保护专项基金"，对国家、企业和个人在撤侨过程中的相关权利责任进行更为清晰的界定，以明确不同情况下费用承担主体、承担方式和承担比例，改善政府"大包干式"做法。例如，对于国家层面的撤侨、解救人质、打击跨国犯罪等类领事费用可以主要由国家承担；而对于一般性领事保护，尤其是公民行为不当、违法犯罪、非法移民等领事费用，应该主要由公民个人或机构自身承担。除了中央政府之外，地方政府也应该设立专项经费或专门预算。

在改变"政府大包干"不可持续的经费使用的同时，如何保障领事保护经费的稳定来源是中国领事保护需要思考的重要问题。2014—2015 年度，英国外交部经费开支总共为 18 亿英镑，其中支持海外英国公民占 3%，即 5400 万英镑，折合人民币约 5 亿元。同一年度，澳大利亚外交部领事服务（不包括护照服务）预算 8957.7 万澳元，实际支出 6681.3 万澳元，折合人民币分别约为 4.1 亿元和 3.1 亿元，而中国领事保护专项经费只有 3000 万元①。显然，中国领事保护经费投入严重不

---

① 夏莉萍. 中国领事保护需求与外交投入的矛盾及解决方式［J］. 国际政治研究，2016（04）：9-25.

足，与中国的国家规模和境外资产规模严重不协调。

相对于领事保护经费总量小的弊病，缺乏固定来源是中国领事保护经费另一个瓶颈问题。目前，中国领事保护经费的使用还缺乏固定的机制程序，基本遵循一事一议和特事特办的思路进行。显然，缺乏固定来源限制了中国领事官员对中国领事保护进行长远筹划的资金能力。中国必须根据自身不断增强的领事保护需求在中央财政资金或者外交资金中专门列出相关预算，方能从根本上解决这一问题。与此同时，政府可以在制定相关法律法规的情况下，以"领事保护专项基金"吸收公民个人、社会组织的捐款以扩大领保资金来源。

(二) 企业备用金制度仍需完善

虽然企业备用金制度为企业境外人员保护提供了备用金保障，但仔细研读相关办法和条例，可以发现这一制度仍存在三大不足：其一，出台备用金制度相关规定的部门主要是商务部而不是外交部，因此该规定主要体现的是商业考虑而不是外交考虑；其二，企业所缴纳的备用金较少；其三，规定中多处"应当"的用词表明费用落实缺乏执行力。

(三) 强化对企业安保投入制度的监督和惩罚

政府出台的现行关于企业加强安保投入的规章，基本上停留在建议层面，缺乏强制力和有效性，这导致不同企业在安保费用投入上差距较大，执行不力，效果不彰。为此，应该强化对企业安保投入制度的监督，甚至在必要的时候予以惩罚，以完善企业安保投入制度，引导企业根据对海外项目所在地安全风险等级即安全评估结论，设立安保专项预算，合理确定安保资金投入比例，并计入生产经营成本，尤其对于高风险地区项目，安保预算应适当增加①。

（四）强化对企业借用第三方资源的引导和监督，进一步扩大和完善境外经济贸易合作区的建设

借用第三方资源防范、解决安保经费来源是国际通行做法，中国很多大型企业已经逐渐采用了这些做法，但相较于中国庞大的海外企业群体而言，善于借用第三方资源的企业很少，投机取巧心理普遍存在，孤军奋战仍是常态。因此，有必要从制度建设层面对此做出相关规定和引导。

企业可兹利用的第三方资源非常多样，首先是私人安保企业。由于海外安全环境复杂多变，安全风险难以逐一排查，单靠企业自身无法高效应对各类安全突发事件，而政府的协助相对有限，在部分安全领域中国家力量不便直接介入亦无力全盘介入。而专业安保团队的安保力量与经验能快速提升企业的海外安全事件应对能力，将安保工作外包也有利于企业资源集中于生产，降低安保成本。其次是保险企业等风险管理机构。合理投保有利于解决突发事件发生后救援资金不足的问题，同时降低政府和企业应对突发事件的经费压力。《对外劳务合作管理条例》也规定对外经济合作企业"应当为外派人员购买境外人身意外伤害保险"。其他第三方资源还有海外侨团侨社、海外志愿组织等。

值得欣喜的是，国家当前正逐步建设境外经济贸易合作区，通过引进保险、安保、法务、金融等建区企业，为进入合作区投资创业的企业提供信息咨询服务、运营管理服务、物业管理服务以及突发事件应急服务，其中建区企业负责突发事件应急预案，预防和应对火灾、水灾、罢

---

① 裴岩，宋磊凯."一带一路"战略下中央企业海外安保体系建设［J］.中国人民公安大学学报（社会科学版），2017（04）：107-113.

工、破坏活动等突发事件的处理救援工作，保障园区及入区企业在经营活动中的人身财产安全。① 政府方面，商务部与中国出口信用保险公司共同建立合作区风险防范机制，其中中国出口信用保险公司为建区和入区企业提供国别风险分析、风险管理建议，并提供投资保险保障，承包征收、汇兑限制、战争、政府违约政治风险②。但由于境外经贸合作区的建设仍处于探索阶段且合作区主要分布在不发达的高风险地区，建区难度大。鉴于此，建立健全政府间合作机制以及完善由政府相关部门、中国出口信用保险公司、银行、法律服务机构四方参与的企业境外投资风险监控服务平台以及国内国外、事前事后全方位风险评价指标体系、风险预警系统、风险防控机制和应对风险的资金保障机制就变得尤为重要③。应在建立境外经贸合作区有利于产业集聚的同时，形成合作区命运共同体和区内互助。将地区或行业相近或相关的海外中资企业组织起来，引导其共同为海外安保买单，共同构建安全信息共享平台，促进企业安全风险和责任共担，能在一定程度上保障安保经费，同时有效降低安保成本。

---

① 中华人民共和国商务部.商务部关于印发《境外经贸合作区服务指南范本》的通知 ［EB/OL］.（2015-11-03）［2020-06-28］.http：//fec.mofcom.gov.cn/article/jwjmhzq/zcfg/201512/20151201202572.shtml.

② 中华人民共和国商务部.关于加强境外经济贸易合作区风险防范工作有关问题的通知［EB/OL］.（2010-08-17）［2020-06-29］.http：//fec.mofcom.gov.cn/article/jwjmhzq/zcfg/201512/20151201206279.shtml.

③ 刘英奎，敦志刚.中国境外经贸合作区的发展特点、问题与对策［J］.区域经济评论，2017（03）：96-101.

第二节 人力资源保障机制

经费虽然是领事保护后勤保障机制的重中之重，但人力资源也是后勤保障机制中必不可少的。没有足够高素质的人力资源参与既重要又繁重的领事保护工作，领事保护将难以实现。

一、现状与成就

2012 年 1 月 16 日，外交部领事司司长黄屏做客强国论坛时透露，"领事保护中心就十几个编制，有 20 多个人"[①]，再加上中国驻外使领馆一共 500 多名领事工作人员，按照 2011 年出境 7000 万人次计算，中国领事官员平均每人需面对约 14 万名[②]海外中国公民的领保事务，而到 2013 年我们每一位驻外使领馆领事官员要服务 18 万海外公民，[③] 到 2015 年中国每位领事官员每年服务超过 20 万海外公民，已是美国的 40 倍[④]。自党的十八大以来，伴随中国的不断崛起，中国外交部门在国务院的地位得到不小提升，中国外交得到最高层更高的关注，外交投入也

---

① 凤凰网. 外交部领事司：去年在预防性领事保护上推出九大举措 [EB/OL].
   (2012-01-16) [2020-06-31]. http://news.ifeng.com/mainland/detail_2012_01/
   16/12011011_0.shtml?_from_ralated.

② 原文中为 13 万，根据计算，应为 14 万. 中国共产党新闻网. 实录：外交部三位女
   司局长谈"外交工作服务国家大局"[EB/OL]. (2012-05-25) [2020-06-31].
   http://cpc.people.com.cn/GB/66888/66889/17989819.html.

③ 外交部领事司. 领事保护与服务——遍及世界的"民生工程"[EB/OL]. (2013-
   03-21) [2020-07-02]. http://www.fmprc.gov.cn/mfa_chn/wjb_602314/zzjg_
   602420/lss_603724/xgxw_603726/t1023757.shtml.

④ 常蕾. 黄屏：发动"人民战争"，构建"大领事"格局 [EB/OL]. (2015-05-01)
   [2020-07-04]. http://cen.ce.cn/more/201504/30/t20150430_5251636.shtml.

不断增加。尽管，中国在不断加大外交资源投入，但相比于猛增的海外利益保护需求而言是杯水车薪，领事保护的供需矛盾仍然没有得到根本改善。外交部领事司副司长兼领事保护中心主任陈雄风在2018年仍然表示，外交部领事保护中心只是一个编制15人的小团队，驻外使领馆直接从事领事保护的官员每个馆平均不到1人，几乎所有人是在超负荷运转。因此，中国领事保护专门机构级别低、人员少，"小马拉大车"的现象日益突出①。总结而言，截至2020年，外交部领事保护中心只是一个编制24人左右的小团队，驻外使领馆直接从事领事保护的官员每个馆平均不到1人，但每年需要处理的领事保护案件有8万多件，这些案件涉及绑架、海盗劫持、海难事故、海外劳务纠纷、渔业纠纷、自然灾害、意外事故、紧急撤侨等各种境外事务，其必然结果就是几乎所有领保官员是在超负荷运转，这进而导致中国领事保护工作一直处于"供需失衡"状态。因此，仅仅依靠既有的领事保护中心不可能做好中国公民的领事保护工作。为此，当重大领事保护案件发生时，保障有足够外交领事官员或雇佣人员实施领事保护是中国领事保护中一个日益突出的问题。

2018年公布的《中华人民共和国领事保护与协助工作条例（草案）》（征求意见稿）第29条明确规定，在外国的中国法人和非法人组织，应当根据所在国的安全状况，建立健全安全保护内部防范和应急处置机制，完善突发事件应急预案，落实所需经费，配备专门的安全管理机构、人员。如何保障有足够的人力资源呢？其一是内部解决，其二是外部解决。所谓内部解决就是通过既有人手的加班来保障。事实上，在领保人手受限的条件下，加班加点、临危受命已是领保工作的常态。

---

① 新华网．支撑"海外中国"的领事保护之手［EB/OL］．（2018-01-18）［2020-07-06］．http：//www.xinhuanet.com/globe/2018-01/18/c_136882661.htm.

比如在 2011 年年初的三个月里，领保中心牵头连续实施了从埃及、利比亚、日本紧急撤离中国公民的行动。"这间大办公室就是当时的战场，我们 24 小时战斗在这里，分析形势、讨论方案、统筹协调，5 次派出工作组冒生命危险战斗在最前方，大家都经受住了身心意志的考验。"领保中心支部副书记刘强说道。"那段日子，大家分工负责、密切合作、日夜值守，平均每人每天只休息 4 小时，没时间到食堂吃饭，白天叫外卖，晚上泡方便面，连续奋战了 61 天。"支部组织委员刘倩提起这些显得很平静①。

然而，这种内部解决方式虽然有效毕竟不是长久之计。人力资源短缺问题必须靠新的机制通过外部解决的方式来实现。部门外调和领事联络员是两种有效的解决办法。第一，部门外调。在领保中心人员有限的情况下，调动全国 30 多个省相关外事部门积极参与领事保护就成为不二法门。外交部通过加强动员，很多地方外办积极参与了我们领事保护工作②。涉及各地方政府的领事保护案件发生后，中国驻外使领馆会直接电告案件当事人户口所属地的省级外办，省外办接到任务后会联系省级其他政府部门并层层下达，直到当事人户口所在地的市、地区甚至县级外办。地方各级政府外办的直接参与和具体实施直接减轻了领保中心的任务。除此之外，一些地方政府还专门成立了领事保护机构。例如，2013 年 4 月，北京市人民政府外事办公室正式成立领事保护处，负责牵头、协调和指导北京市涉外突发事件处置和公民、机构境外安全保护

---

① 周秀清. 奏响新时期领保之歌：记全国先进基层党组织外交部领事保护中心党支部 [J]. 紫光阁, 2011 (10): 51-53.

② 凤凰网. 外交部领事司：去年在预防性领事保护上推出九大举措 [EB/OL]. (2012-01-16) [2020-07-08]. http: //news.ifeng.com/mainland/detail_2012_01/16/12011011_0.shtml?_from_ralated.

工作，配合外交部及驻外使领馆开展境外领事保护①。第二，设置领事协助志愿者和领事宣传志愿者。经过一段时间试行，自 2015 年起，外交部正式推出领事保护联络员制度。使馆聘请海外华侨华人和中资企业代表担任领事保护联络员。联络员们密切关注驻在国政治生态、舆情和侨情的动态变化，及时就涉及中国公民安全和利益的事项与中国使领馆沟通，并协助使领馆做好突发事件处置和预防性领事保护工作。驻外使领馆则定期召开领事保护联络员座谈会和培训会，并为做出突出贡献者颁奖。例如，2017 年 4 月 28 日，中国驻印度尼西亚大使馆召开 2017 年度领事保护工作会议。中国驻印度尼西亚大使谢锋出席会议，为 2016 年度领事保护联络员工作先进合作单位和个人颁奖，并发表讲话。在印尼中资企业，外派汉语教师、留学生、友好律师、翻译及领保热心人士代表近 50 人出席会议。自 2016 年起，中国在驻外使领馆尝试建立领事协助志愿者制度，发挥群众的力量，从海外侨胞中挑选热心志愿者，协助我们联系当地同胞、了解安全信息并为有需要的同胞提供紧急协助。"领事保护联络员"正式升级为"领事协助志愿者"。据外交部领事司崔爱民司长透露，截至 2020 年 1 月，志愿者总数已近千人，在领事保护中发挥着积极作用②。同时，为了加强国内的领事保护宣传工作，"领事宣传志愿者"应运而生。

通过内部提升工作效率、加大工作量和外部人力动员两种办法，领事保护的人力资源基本得到了保障。

---

① 中国领事服务网. 北京市外办成立境外领事保护工作专门机构［EB/OL］.（2013-04-13）［2020-07-08］. http：//cs. mfa. gov. cn/gyls/lsgz/ztzl/dfxchdzt_645649/qt_645671/t1030497. shtml.

② 中国领事服务网. 领事工作国内媒体吹风会现场实录［EB/OL］.（2020-01-17）［2020-07-09］. http：//cs. mfa. gov. cn/gyls/lsgz/lqbb/t1733452. shtml.

二、不足与对策

外交部领事司副司长于红在 2012 年接受人民网采访时坦承,"应当承认,我们国家的领事保护能力,在一定程度上是滞后于形势发展需要的"①。虽然这种滞后的原因是多方面的,但必须尽快予以改善。国家作为安全资源的供给侧,与安全保障需求侧之间的矛盾日益突出。在刚性需求有增无减的背景下,经费投入和人员配备已成"瓶颈",制约了中国海外公民保护的绩效②。在"小马拉大车"的矛盾之中存在着大量的领事资源浪费与非法要求。海外中国公民的这种不合理或不合法的主观要求进一步推动了领事保护需求的"无限"扩大,这种无知、不当和不法行为也导致了有限领事资源的大量浪费③。

(一)领事干部严重缺编,必须加大领保队伍的培养和建设

外交部主管领事工作的副部长谢杭生在 2012 年"两会"期间接受专访时说,领事保护目前面临的最大挑战是,我们领事保护的能力建设与海外领事保护的实际需求尚存差距。举例而言,中国驻外使领馆一共才有 500 多名领事工作人员,领事干部严重缺编。按照 2011 年出境7000 万人次计算,中国领事官员平均每人需面对约 14 万名以上海外中国公民的领保任务。与之比较,美国领事官员一个人面对的美国公民是

---

① 中国共产党新闻网. 实录:外交部三位女司局长谈"外交工作服务国家大局"[EB/OL]. (2012-05-25)[2020-07-10]. http://cpc.people.com.cn/GB/66888/66889/17989819.html.

② 项文惠. 中国的海外公民保护——战略实施、制约因素及策略应对[J]. 国际展望, 2017(04):87-103.

③ 黎海波. 中国领事保护可持续发展探析[J]. 现代国际关系, 2016(06):9-14.

5000 人，日本是 1 万人，俄罗斯是 1.3 万人，英国是 2.9 万人①。2013 年 3 月 21 日，外交部部长王毅专程来到外交部领事保护中心考察工作，与领事司的同志座谈时更是指出，"目前我们每一位驻外使领馆领事官员要服务 18 万海外公民"②，而一些中国驻外使馆专门的领保官员不多，有的使馆甚至只有一个人③。即使算上所有外交官，中国外交部也仅有 6000 名，法国却有 1.6 万名外交官④。在一些中国公民聚集的国家，专业领事保护干部更为缺乏。以中国驻东南亚某使馆为例，全馆有编制 40 人，其中领事部 7 人，仅有 2 人专门负责领事保护工作。而每年赴该国的中国游客超过 120 余万人次，在该国的留学生近 1 万人，长期或短期务工人员无法完全统计，这意味着派驻该国的专职领保干部每人每年要直接面对至少 60 万人次的中国公民⑤。可见，领保工作滞后于形势发展的根源之一就在于人手不足，而且人手的短缺在逐年凸显。为此，必须加大领保与服务干部队伍的培养和建设，使领保队伍不断充实、壮大，以跟上形势发展的需要。

（二）增设海外领事馆，使领事服务面更广

领事人员的不足与中国驻外总领事馆数量不多直接相关。相对于

---

① 解放日报. 我一名领事要"管"14 万海外中国公民：海外政治风险多元化形势更趋严峻［N/OL］.（2012-03-14）［2020-07-11］. http://newspaper.jfdaily.com/jfrb/html/2012-03/12/content_764595.htm.

② 外交部领事司. 领事保护与服务——遍及世界的"民生工程"［EB/OL］.（2013-03-21）［2020-07-12］. http://www.fmprc.gov.cn/mfa_chn/wjb_602314/zzjg_602420/lss_603724/xgxw_603726/t1023757.shtml.

③ 储信艳. 领事保护：必要时大使领事也上阵［EB/OL］.（2013-08-18）［2020-07-12］. http://www.bjnews.com.cn/world/2013/08/18/279000.html.

④ 杜懋之. 海外公民保护与欧中安全合作［J］. 国际政治研究，2013（02）：36-42.

⑤ 杨洋. 中国领事保护中存在的问题及对策［J］. 国际政治研究，2013（02）：17-29.

300 多个外国在华总领事馆，99 个中国在海外总领事馆确实太少。这不仅限制了领事人力资源的扩充空间，而且限制了领事保护服务能力的覆盖面。随着海外中国人和企业的增多，在交通不便而有一定数量中国人的城市大力增加海外总领馆或一般领事服务机构就极为必要和紧迫。例如，在经历吉尔吉斯斯坦撤侨救援行动经历之后，2012 年中国就在吉尔吉斯斯坦南部奥什开设了领事馆。

（三）大力充实领事协助志愿者制度，盘活东道国社会资源

当前中国实施的领保联络员和领事协助志愿者是类似但区别于国际通行的名誉领事的中国特色领事保护创举。名誉领事，又称选任领事、商人领事、非职业领事或不受薪领事，可以在领事职务以外从事营利性职业，是从接受国当地的居民中选出的，不论这些居民的国籍属于接受国、派遣国或第三国①。此外，由于名誉领事熟悉当地国情，拥有深厚的社会资源和人际关系，在一些特殊场合名誉领事可能比正式领事官员更"靠谱"。英国是实行名誉领事较好的国家。为了在不增加开支的情况下扩大驻外外交和领事机构网络的覆盖范围，更好地为海外公民提供保护，英国外交部强调充分发挥名誉领事和当地雇员的作用，尤其是发挥边远地区的名誉领事的作用。例如，英国在 2007 年就任命了大约 300 名名誉领事，名誉领事与驻外职业领事总数的比例约为 1：15。中华人民共和国成立至今，未曾向外国委派过名誉领事，而一些国家在香港地区、澳门地区和内地个别城市委派有名誉领事。但是，为了加深中国公民和法人对东道国的认知，中国利用庞大的海外商会、中资企业和旅行社，自 2015 年起，外交部正式推出领事保护联络员制度，并于 2016 年

---

① 李宗周. 领事法和领事实践 [M]. 梁宝山，黄屏，潘维煌，等，译. 北京：世界知识出版社，2011：567.

起，中国在驻外使领馆尝试建立领事协助志愿者制度。迄今为止，中国领事协助志愿者已经有近千人的规模，但相对于中国庞大的外交人员和更为庞大的境外公民和境外投资，中国领事协助志愿者的规模还有进一步扩大和优化的空间。

就目前委派的领事协助志愿者来源看，他们主要来自具有中国国籍身份的中国境外商会、中资企业和中资旅行社。虽然这些"走出去"较早的机构对当地国情具有一定把握，但显然难以深入东道国内部，这也是一些国家委派东道国居民为名誉领事的重要原因。海外华侨华人是目前全球最大的移民团体，全球有 6000 多万华侨华人广泛分布在各大洲 160 多个国家和地区，华侨华人团体涉及贸易、科教和文化等领域，规模不断壮大，影响力日益扩大。而全球华侨华人中，有 4000 多万人口分布于"一带一路"沿线国家①。在中国海外安全和领事保护供需矛盾紧张的情形下，这些海外华侨华人和侨团是中国政府海外领保力量不可或缺的必要和有益补充。海外华侨华人及其侨团社团熟谙住在国舆情社情民情，政商人脉通达，掌握双重语言文化，在海外领保方面拥有独特和不可替代的优势。在一些国家，中国侨领的影响力甚至可以直达所在国高层。因此，正如一些专家所言，中国应该充分发挥海外侨团在"一带一路"倡议安保体系中的"安全杠杆"作用，应进一步营造"大侨务"工作氛围、加强侨团自我建设和团企共建、完善"华助中心"服务平台以及推广海外安全联防机制②。为此，众多的海外华侨华人是中国领事保护可以利用的独特资源。委派海外华侨华人社团及其成员为

① 张怡 . 2019 年《华侨华人蓝皮书》发布［EB/OL］. (2019-12-20)［2020-07-16］. http://cn.chinadaily.com.cn/a/201912/20/WS5dfca964a31099ab995f2da0.html.

② 崔守军，张政 . 海外华侨华人社团与"一带一路"安保体系建构［J］. 国际安全研究，2018 (03)：117.

中国领事协助志愿者，中国完全可以在不实行名誉领事制度的同时，充分利用相关领事实践的优势。

（四）改变、提升工作作风，提高工作效率

虽然在"外交为民"理念的推动下，涉外部门的工作作风相对于国内部门已经大为改善，但"脸难看""门难进""事难办"、被动工作等现象仍然存在，必须大力改进工作作风，提高工作效率。

（五）建立健全动员国务院相关部委和地方外事部门的外事人才资源的紧急调动机制

虽然外交部门通过挖掘内部潜力和调动外部地方外事资源基本保障了领事保护的人力资源，但毕竟外事战线的人力资源总数是有限的，而且在实际的领事保护工作中，外交部领事司具体所需人力资源需要根据具体情况加以确定和调配，具有一定的不确定性，因此外交部领事司应该考虑与外交部其他部门或者涉外相关部门和企事业单位建立一个人力资源紧急调配机制，这不失为一个较好的解决办法。

结语

中国领事保护机制的特色与未来

前述几章对中国领事保护机制成就的总结和不足的诊断事实上表明，作为国际上通行的做法，领事保护具有大致相同的逻辑机理和基本做法。虽然各国领事保护制度具有一些共性，但由于历史与现实，中国领事保护制度的形成与运作具有自身特点，并决定了未来中国领保改革的基本方向。

第一节　中国领事保护机制的中国特色

外交乃内政的延伸。中国领事保护机制虽然具有世界各国领事保护机制的共性，但中国特色亦极为明显。这些中国特色既源于中国悠久的历史文化传统，又源于现实的政治制度。

一、多样特殊的领保对象

根据领事保护概念，领事保护对象通常只是拥有本国国籍的公民以及法人。但由于历史和现实，单独就人的生命财产保护而言，中国领事保护对象是较为复杂多样特殊的，既有大陆居民、港澳台同胞，还有数千万海外华侨和华人。自 1954 年中国同印尼签订《关于双重国籍问题

163

的条约》之后，中国通过不同形式宣布了不承认双重国籍，鼓励当地华人自愿加入侨居国国籍，履行侨居国公民的权利和义务，效忠于侨居国；自愿选择保留华侨身份的中国人，应当遵守侨居国法律和当地风俗习惯，同当地人民和睦共处，为侨居国的发展做贡献。在解决双重国籍之后，中国在政治上开始严格区分华侨和华人。华侨是中国公民，在侨居国是外国人，不应参加侨居国的政治活动；华人是具有中国血统的外国公民，不再具有中国国籍，是中国人民的亲戚。按照华侨华人的区分以及领事保护概念，华人属于有中国血统但无中国国籍的外国人，不在领事保护的范围之内。但鉴于华人与中国千丝万缕的历史和现实联系，在历次撤侨行动过程中，只要华人需要帮助，我国均提供了相关领事协助。例如，在 2006 年所罗门撤侨行动案例中，中国在 48 小时内从所罗门撤出了 312 名华侨和华人。中国领事保护中的"非国民保护"做法既折射了中国尊重海外华人对中国发展的历史与现实贡献，又反映了中国国力日益上升之后的外交自信。正如朱峰教授所言，"对于非本国国民的保护，因为都是华人，所以感觉有一种义务。中国政府不担心其他国家的非议，在外交做法上是重要的改变，让人有大国的感觉"①。

二、"外交为民"的领保理念

自 2001 年江泽民提出"三个代表"重要思想以来，立党为公、执政为民理念日益成为各政府部门的核心理念。党的十八大报告更是明确要求要坚定维护国家利益和我国公民、法人在海外的合法权益。正是在

---

① 中国新闻网. 外报：中国从所罗门撤侨行动显大国实力和自信［EB/OL］.（2006-
04-27）［2020-07-18］. http://www.chinanews.com/news/2006/2006-04-27/8/723
307.shtml.

政府改革的大背景下，领事保护日益受到外交部门的重视，成为中国遍及世界的"民生工程"。"外交为民"领保理念具体体现为，"以人为本、执政为民"是中国领事保护的灵魂，"为民办事、为民解忧、为民谋利"是中国领事保护的宗旨。为此，"全体外交人员，无论是否直接从事领事工作，都应随时倾听民众的呼声，坚决维护人民的利益"①。显而易见，中国外交在"外交为民"思想的指引下，正在日益关注海外中国公民和法人微观利益的安全保护，"民本外交"日益显现②。中国外交部副部长罗照辉指出，"以人民为中心"是新时代领事外交工作的基本出发点，领事保护事关人民群众的切身利益，事关千万家庭的福祉安康，国人脚步走到哪里，领事保护就跟到哪里③。因此，相较于西方政府与公民责权利平衡交换的领事保护理念，"外交为民"的领保理念折射了中国党政领导的中国特色，具有鲜明的中国政治特性。

三、与内政同步的领保格局

从世纪之初对中央、地方、驻外使领馆和企业"四位一体"应急联动机制的强调，到近几年对中央、地方、驻外使领馆、企业和公民个人"五位一体"大领事格局的描绘，变化的不仅仅是公民个人被纳入大领事格局中，还有领事保护理念，即随着国内改革的深入，公民权利日益受到尊重、强调和保护，公民在国家体制中的地位不断得到提升。

---

① 外交部领事司. 领事保护与服务——遍及世界的"民生工程"［EB/OL］. （2013-03-21）［2020-07-19］. http：//www.fmprc. gov. cn/mfa_chn/wjb_602314/zzjg_602420/lss_603724/xgxw_603726/t1023757. shtml.

② 埃文斯. 人的安全与东亚——回顾与展望［J］. 世界经济与政治，2004（06）：43-48.

③ 中国新闻网. 中国外交部副部长罗照辉：国人脚步走到哪里，领事保护就跟到哪里［EB/OL］. （2019-08-09）［2020-07-20］. http：//www.chinanews. com/gn/2019/08-09/8922219. shtml.

我们相信，随着中国社会改革的逐渐深入和社会组织的不断成熟和独立，社会组织将不断进入大领事格局并发挥其独特作用，到时中国将形成中央、地方、驻外使领馆、企业、社会组织和公民个人"六位一体"的大领事格局，这样的领事格局将会让中国领事保护机制更具活力。这也说明，外交确乃内政的延伸。随着中国内部改革的推进，中国领事保护机制必将进一步成熟完善。

四、与时俱进的大领事格局

中国领事保护工作从无到有、从不完善到逐步完善，经历了从小领事到大领事时代的演进。这种演进表现在四个方面：在领事内容上，经历了由传统的被动应急反应到事前预警—事中应急—事后善后—后勤保障"四位一体"的立体机制；在领事领导协调机构上，经历了由外交部主导到以部际联席会议为中心的外交部、商务部、国家旅游局、教育部、国资委甚至军方等多部门参与的多元格局；在领事应急机制上，经历了由中央、地方、驻外使领馆和企业"四位一体"，到中央、地方、驻外使领馆、企业和公民个人"五位一体"，再到即将形成的中央、地方、驻外使领馆、企业、社会组织和公民个人"六位一体"的大领事格局；在领事工作形态上，经历了从粗放式到集约式的演变，领事工作正朝着现代化、电子化、精细化方向发展。这样的演进折射了中国领事保护工作应时代需要而与时俱进的实践品质。

五、效率极高的举国体制

举国体制不仅存在于中国体育事业中，而且广泛存在于中国社会的各个方面。从 2011 年 2 月 22 日至 2011 年 3 月 2 日不到 10 天里，中国政府协调海、陆、空，从利比亚成功撤离35860人。这是中华人民共和国成立以来中国政府最大规模的有组织撤离海外中国公民行动，"堪称奇迹，举世赞叹"①！后来，为了总结此次成功的大撤侨行动，人民日报出版社几乎在此次撤侨刚刚结束就组织出版了《国家行动：利比亚大撤离》纪实书籍。事实上，不仅利比亚大撤侨行动实施的是"国家行动"，而且几乎每一次撤侨就是一次"国家行动"，只是规模大小和实施方式不同而已。正是这种集中力量办大事的国家行动，保证了我们能够迅速撤离海外人员，从而让西方一些国家对我们快速的行动感到"赞叹"，这就是中国特色在领事保护上的典型反映。

第二节 中国特色领事保护机制的未来

基于本书分析，我们发现经过冷战以来若干重大涉外领事事件的考验尤其是三十多次海外撤侨的反复实践，在党中央不断推进改革的背景下，在近年来不断总结经验与教训并借鉴国外领事保护经验的基础上，中国已经逐渐确立了"外交为民"的领事保护理念和"预防为主，预防与处置并重"的领事保护原则，架构了从事前预防、事发应急、事后善后到后勤保障四个不同侧面完整的领事保护链条，形成了以外交部为中心、相关部门密切配合的"大领事"格局和中央、地方、驻外使领馆、企业和公民个人"五位一体"的境外安全保护工作应急联动机制，境外中国公民和机构安全保护工作取得了突破性进展。这一日益国

---

① 本报记者. 珍惜每一位同胞的生命——在党中央国务院坚强领导下我在利比亚公民撤离行动纪实 [N]. 人民日报，2011-03-03（01）.

际化与较为完善的领事保护机制正在为大量"走出去"的中国公民和企业提供越来越完善的服务和保护。与此同时，由于历史与现实，中国领事保护机制具有强烈的中国特色，这些特色糅合了中国领事保护特有的"中国式"优势和挑战，表明中国的领事保护仍然处于转型之中，还有诸多亟须改进之处。为此，中国领保人必须继续努力，加大领保改革力度，继续探索中国特色的领保之路。

根据本书的分析，总体而言，当前中国领事服务工作存在"重应急，轻预防"的不足，未来的中国领事保护机制改革应该贯彻"侧重预防、强化应急、关注善后、优化保障"的改革方针，保障领保机制的进一步完善。"侧重预防"是指中国领保机制建设应该始终坚持"预防为主、预防与处置并重"的原则，改变当前"重临时应急，轻平时预防"的工作思路，把领保工作重心前移以减少境外安全事件的发生。"强化应急"是指中国领事保护机制应该始终坚持"珍视生命、珍惜财产"的人权理念，及时最大限度地减少生命财产损失，这是中国特色领事保护机制的突出特点和显著优势，要继续保持。"关注善后"是指中国领事保护机制应该纠正过去不关注事后处理的观念和实际做法，应该将事后处理作为领保机制的一个必要组成部分予以关注。"优化保障"是指中国领事保护机制建设应该努力提升国家财政资源的使用效益，并通过机制创新激活社会资源，以为领保事务提供长久的后勤保障。

总之，虽然中国领事保护事业起步晚，但发展迅速，至今已经形成了较为完善的并具有中国特色的体制机制，取得了较大成效，已经成为"走出去"中国企业和公民的可靠保障，成为推动"一带一路"建设走深走实的坚强后盾，但相较于西方成熟的领保机制和急剧增长的"领保缺口"，中国领保机制存在诸多不足，仍处于转型之中，亟须改革完

善。本书立足中国国情和中国领保机制现状提出了诸多改进建议，希望
这些建议能够对中国领保事业的进步有所助益。

参考文献

[1] 本书编委会. 一枝一叶总关情——中国外交官领事保护与协助手记 [M]. 南京：江苏人民出版社，2019.

[2] 本书编委会. 祖国在你身后：中国海外领事保护案件实录 [M]. 南京：江苏人民出版社，2016.

[3] 广东省地方史志编纂委员会. 广东省志·华侨志 [M]. 广州：广东人民出版社，1996.

[4] 李晓敏. 非传统安全威胁下中国公民海外安全分析 [M]. 北京：人民出版社，2011.

[5] 李志永. "走出去"与中国海外利益保护机制研究 [M]. 北京：世界知识出版社，2015.

[6] 李宗周. 领事法和领事实践 [M]. 梁宝山，黄屏，潘维煌，等，译. 北京：世界知识出版社，2012.

[7] 青峰石. 外交部大楼里的故事 [M]. 北京：世界知识出版社，2006.

[8] 钱其琛. 世界外交大辞典 [M]. 北京：世界知识出版社，2005.

[9] 夏莉萍. 领事保护机制改革研究——主要发达国家的视角 [M]. 北京：北京出版社，2011.

［10］本书编写组．新中国领事实践［M］．北京：世界知识出版社，1991.

［11］本书编写组．中国领事工作（上册）［M］．北京：世界知识出版社，2014.

［12］中华人民共和国外交部政策规划司．中国在外设立领事机构一览表（中国外交·2019年版）［M］．北京：世界知识出版社，2019.

［13］中华人民共和国外交部领事司．中国领事保护和协助指南［M］．北京：世界知识出版社，2018.

［14］埃文斯．人的安全与东亚——回顾与展望［J］．世界经济与政治，2004（06）．

［15］白彦锋，崔芮．"大国财政"让企业"大胆地走出去"［J］．经济与管理评论，2016（05）．

［16］崔守军，张政．海外华侨华人社团与"一带一路"安保体系建构［J］．国际安全研究，2018（03）．

［17］杜懋之．海外公民保护与欧中安全合作［J］．国际政治研究，2013（02）．

［18］戴玉．也门撤侨报道中的"正能量"［J］．南风窗，2015（08）．

［19］方伟．中国公民在非洲的安全与领事保护问题［J］．浙江师范大学学报（社会科学版），2008（05）．

［20］贾璇．中资企业已覆盖全球160多个国家，中企海外安保需要多少"冷锋"［J］．中国经济周刊，2017（34）．

［21］黎海波．中国领事保护可持续发展探析［J］．现代国际关系，2016（06）．

［22］卢文刚，黎舒菡．中美海外公民领事保护比较研究——基于

应急管理生命周期理论的视角［J］．社会主义研究，2015（02）．

［23］李香菊，王雄飞．"一带一路"战略下企业境外投资税收风险评估——基于 Fuzzy-AHP 模型［J］．税务研究，2017（02）．

［24］刘英奎，敦志刚．中国境外经贸合作区的发展特点、问题与对策［J］．区域经济评论，2017（03）．

［25］裴岩，宋磊凯．"一带一路"战略下中央企业海外安保体系建设［J］．中国人民公安大学学报（社会科学版），2017（04）．

［26］齐坚．红色高棉时期柬埔寨华人的遭遇［J］．炎黄春秋，1999（05）．

［27］沈国放，魏苇，刘民强，等．企业和个人，海外遇事怎么办［J］．世界知识，2008（17）．

［28］王士录．柬埔寨华侨华人的历史与现状［J］．华侨华人历史研究，2002（04）．

［29］夏莉萍．海外撤离与大国外交［J］．人民论坛，2011（07）．

［30］夏莉萍．海外中国公民安全状况分析［J］．国际论坛，2006（01）．

［31］夏莉萍．美英领事保护预警机制的特点及对我国的启示［J］．外交评论，2006（01）．

［32］夏莉萍．中国领事保护新发展与中国特色大国外交［J］．外交评论，2020（04）．

［33］夏莉萍．中国领事保护需求与外交投入的矛盾及解决方式［J］．国际政治研究，2016（04）．

［34］夏莉萍．中国政府在保护海外中国公民安全方面的制度化变革及原因初探［J］．国际论坛，2009（01）．

［35］项文惠．中国的海外公民保护——战略实施、制约因素及策

略应对［J］．国际展望，2017（04）．

［36］杨洋．中国领事保护中存在的问题及对策［J］．国际政治研究，2013（02）．

［37］赵洋，戴长征．国际安全态势分析（2010—2015）［J］．国际安全研究，2016（06）．

［38］赵媛媛．我国应急管理体系的现状、问题以及完善［J］．时代金融，2012（03）．

［39］周中坚．战后五十年柬埔寨华人的曲折历程［J］．南洋问题研究，1996（01）．

［40］本报记者．珍惜每一位同胞的生命——在党中央国务院坚强领导下我在利比亚公民撤离行动纪实［N］．人民日报，2011-03-03（01）．

［41］保护海外中国公民合法权益——外交部领事司负责人谈从黎巴嫩撤侨［N］．人民日报，2006-07-26（06）．

［42］习近平．提高防控能力着力防范化解重大风险，保持经济持续健康发展社会大局稳定［N］．人民日报，2019-01-22（01）．

［43］徐步青．备好"走出国门"这堂课［N］．人民日报，2009-09-29（03）．

［44］史额黎，金姝妮，季佳慧．中企"走出去"亟须完善突发事件应急机制［N］．中国青年报，2015-12-14（06）．

［45］钟声．假如没有强大的祖国［N］．人民日报，2011-03-01（02）．

［46］王铮．四川省完善公民海外安全保护工作的对策分析［D］．成都：西南财经大学，2012.

［47］ZHANG H Z. Protection of overseas citizens and assets proposed

[J/OL] . （2012 - 03 - 09）［2020 - 06 - 02］. http：//www. chinadaily. com. cn/ethnic/china/2012-03/09/content_ 14793164. htm.

[48] 中国政府网 . "国家旅游局办公室关于印发《国家旅游局关于旅游不文明行为记录管理暂行办法》的通知"旅办发［2016］139 号［EB/OL］.（2016-05-31）［2020-03-29］. http：//www. gov. cn/xin-wen/2016-05/31/content_ 5078481. htm.

[49] 新华网 . 授权发布：推动共建丝绸之路经济带和 21 世纪海上丝绸之路的愿景与行动［EB/OL］.（2015-03-28）［2019-09-02］. ht-tp：//www. xinhuanet. com/world/2015-03/28/c_1114793986. htm.

[50] 中国领事服务网 . 北京市外办成立境外领事保护工作专门机构［EB/OL］.（2013-04-13）［2020-07-08］. http：//cs. mfa. gov. cn/gyls/lsgz/ztzl/dfxchdzt_645649/qt_645671/t1030497. shtml.

[51] 中国政府网 . 2005 年国务院政府工作报告［EB/OL］.（2006-02-16）［2019-06-04］. http：//www. gov. cn/test/2006-02/16/content_201218. htm.

[52] 中国政府网 . 2006 年国务院政府工作报告［EB/OL］.（2009-03-16）［2019-08-17］. http：//www. gov. cn/test/2009-03/16/content_1260216. htm.

[53] 中国政府网 . 2016 年国务院政府工作报告［EB/OL］.（2016-03-05）［2019-09-20］. http：//www. gov. cn/guowuyuan/2016zfgzbg. htm.

[54] 中国政府网 . 2017 年国务院政府工作报告［EB/OL］.（2017-03-05）［2019-09-20］. http：//www. gov. cn/guowuyuan/2017zfgzbg. htm.

[55] 中国政府网 . 2018 年国务院政府工作报告［EB/OL］.（2018-03-05）［2019-09-20］. http：//www. gov. cn/guowuyuan/2018zfgzbg. htm.

[56] 中国政府网. 中共中央关于制定国民经济和社会发展第十四个五年规划和二〇三五年远景目标的建议 [EB/OL]. (2020-11-03) [2020-11-05]. http://www.gov.cn/zhengce/2020-11/03/content_5556991.htm.

[57] 中华人民共和国商务部. 关于加强境外经济贸易合作区风险防范工作有关问题的通知 [EB/OL]. (2010-08-17) [2020-06-29]. http://fec.mofcom.gov.cn/article/jwjmhzq/zcfg/201512/20151201206279.shtml.

[58] 中华人民共和国商务部. 商务部关于印发"境外经贸合作区服务指南范本"的通知 [EB/OL]. (2015-11-03) [2020-06-28]. http://fec.mofcom.gov.cn/article/jwjmhzq/zcfg/201512/20151201202572.shtml.

[59] 中华人民共和国商务部. 商务部颁布关于修改"对外劳务合作备用金暂行办法"的决定 [EB/OL]. (2003-11-01) [2020-06-23]. http://www.mofcom.gov.cn/article/swfg/swfgbi/201101/20110107350782.shtml.

[60] 中华人民共和国驻洛杉矶总领事馆. 死亡善后程序 [EB/OL]. (2017-11-16) [2020-06-08]. http://losangeles.china-consulate.org/chn/lbqw/lqzt/swsh/t1511433.htm.

[61] 中央政府门户网站. 对外承包工程管理条例 [EB/OL]. (2008-09-01) [2020-06-23]. http://www.gov.cn/flfg/2008-07/28/content_1058146.htm.

[62] 中央政府门户网站. 国家突发公共事件总体应急预案 [EB/OL]. (2006-01-08) [2020-04-15]. http://www.gov.cn/yjgl/2006-01/08/content_21048.htm.